REIHE P

DIE BESTEN GOLFER WITZE

Golf ist die einzige Sportart der Welt, über die hunderte, wenn nicht tausende Witze kursieren. Gerhard Friedrich hat die besten Witze und Bonmots für Sie zusammengestellt: die Klassiker, die Sie vielleicht schon einmal gehört haben, aber auch viele Neuschöpfungen, die zum Beispiel auf aktuelle Ereignisse in der Golfwelt oder auf Vorkommnisse in den Vereinigten Staaten anspielen. Man kann sagen, daß die Witze immer ein Spiegel ihrer Zeit sind, in diesem Fall spiegeln sie auch die Eigenheiten einer Sportart wieder, die Millionen von Menschen in den Bann zieht. Warum das so ist – dieser Frage geht der Autor am Ende des Buches nach: Er ist Golfkolumnist der Tageszeitung „Der Standard", Managment-Trainer und Verhaltenscoach – und selbst langjähriger und leidenschaftlicher Golfer.

Band 623

PERLEN-REIHE

Gerhard Friedrich

DIE BESTEN GOLFER WITZE

Mit Illustrationen
von
Reinhilde Becker

Zwei Golfspieler holen auf ihrer Runde zwei Frauen ein. Langsam spielen sie hinterher, schließlich sagt der eine Golfer zum anderen: „Geh'n Sie doch mal vor und fragen Sie die beiden Frauen, ob sie uns nicht durchspielen lassen!" Der Golfer läuft vor, doch auf halbem Weg dreht er wieder um.
„Ich kann die beiden nicht fragen, die eine Frau da vorn ist meine Ehefrau, die andere meine Freundin. Machen Sie das bitte!" Der andere Golfer macht sich auf den Weg, doch auch er kehrt rasch um: „Wie klein die Welt doch ist."

Kevin und Bill zocken bei jeder Runde. Auch heute, obwohl sie nur neun Löcher spielen, geht es um zehn Dollar. Vor dem letzten Abschlag führt Kevin mit einem Loch, doch verzieht er seinen Drive ins Rough und bittet Bill, ihm bei der Suche zu helfen. Nach fünf Minuten vergeblichen Bemühens läßt Kevin unbemerkt einen Ball aus seiner Hosentasche fallen und ruft: „Hier ist er, ich habe ihn gefunden!" – „Du Lügner", entgegnet ihm Bill wütend. „Seit Jahren sind wir befreundet, und dann betrügst du mich wegen zehn Dollar!" – „Was soll das? Hier liegt mein Ball!" – „Das gibt's nicht. Ich stehe doch seit fünf Minuten auf ihm!"

Mike Tyson hat erstmals an einem Pro-Am-Golfturnier teilgenommen. Als die Zellentür hinter ihm wieder ins Schloß fällt, erzählt der Boxer seinem Mithäftling: „Stell dir vor, da laden sie mich zu so einem Prominententurnier ein. Jede Menge Hollywoodgrößen sind da, und überall Fernsehkameras. Wie ich zum ersten Abschlag komme, fehlt in meinem Bag der Driver. Ich suche überall, und finde ihn nicht. Da sehe ich einen Spieler, der gerade mit meinem Driver abgeschlagen hat. Ich gehe also hin und sage: ‚Das ist mein Driver!' Sagt er: ‚Nein, das ist meiner!' Sage ich: ‚Gib mir meinen Driver zurück, wenn ich dir schon sage, es ist meiner!' Er aber gibt nicht nach und sagt immer wieder, daß es seiner ist. Wie sie ihn dann auf der Bahre weggetragen haben, sehe ich, daß es wirklich nicht mein Driver war."

Nachmittag an einem herrlichen, sonnigen Samstag im Sommer. Der junge Mann steht am ersten Abschlag und spricht den Ball an. Da läuft eine junge Frau im Hochzeitskleid laut weinend vom Parkplatz auf ihn zu: „Warum hast du mir das angetan?!" Der junge Mann blickt kurz auf, konzentriert sich nochmals und schlägt seinen Drive mitten aufs Fairway. Auf dem Weg zu seinem Golfbag bleibt er kurz stehen und sieht der jungen Frau ins tränenüberströmte Gesicht: „Ich hab' dir doch gesagt: Nur wenn es regnet!"

Eine Frau schlägt ab, und der Ball landet hinter einer Scheune. Ihr Mann sagt: „Ich öffne auf beiden Seiten die Tore, dann kannst du durch die Scheune direkt aufs Grün spielen." Der Mann öffnet die Tore, die Frau schlägt, der Ball trifft mit voller Wucht den Mann. Er fällt um und ist auf der Stelle tot.

Eine Woche später spielt die Frau wieder eine Runde Golf. Der Ball landet an derselben Stelle hinter der Scheune. Ihr Freund sagt: „Ich öffne auf beiden Seiten die Tore, dann kannst du durch die Scheune direkt aufs Grün spielen." Die Frau: „Das will ich nicht machen. Ich hasse dieses Loch!" Der Freund: „Warum eigentlich? Von hier erreichst du spielend das Grün." Die Frau: „Das letzte Mal schrieb ich hier eine Acht."

Jesus und Petrus spielen Golf. Petrus gelingt ein großartiger Schlag mitten aufs Grün. Noch ein kurzer Putt, und er ist fertig. Jesus schlägt den Ball weit in den angrenzenden Wald. Ein Eichhörnchen nimmt den Ball, dieses wird von einem Adler gefaßt, der Adler wird von einem Blitz getroffen und der Ball fällt direkt ins Loch. Da murrt Petrus: „Wollen wir jetzt Golf spielen oder weiter rumalbern?"

„Donnerwetter, Laura, dieser Driver ist ja traumhaft!" – „Nicht wahr? Ich hab' ihn von einem amerikanischen Milliardär!" – „Erzähl! Wie heißt er?" – „Callaway!"

Ein Student will vor den Nachmittagsvorlesungen noch schnell eine halbe Runde gehen und steht am ersten Abschlag. Da kommt ein älterer Spieler mit zerschlissenem Golfbag und bittet, mitspielen zu dürfen. Der Student willigt aus Höflichkeit ein, obwohl er in Eile ist. Zu seiner Überraschung spielt der Mann schneller und besser als erwartet, mit kurzen, aber präzisen Schlägen. Seine Hochachtung vor dem Partner steigt von Schlag zu Schlag. Als auf dem neunten Loch der Ball des Studenten direkt vor einem Baum in der Mitte des Fairways zu liegen kommt, bittet er den Mitspieler um Rat. Der alte Mann sagt: „Als ich so alt war wie Sie, habe ich den Ball direkt über den Baum aufs Grün gespielt.“ Voll Ehrgeiz versucht es der Student. Der Ball trifft jedoch einen Ast, springt zurück und bleibt an jener Stelle liegen, wo er ihn geschlagen hat. Da meint der Alte: „Natürlich war damals der Baum erst einen Meter hoch!“

„Ich denke, daß ich im Herbst nach Kalifornien reise, um in Pebble Beach zu spielen.“ – „Interessant! Was kostet so eine Reise?“ – „Nichts.“ – „Wieso nichts?“ – „Denken kostet nichts.“

Übungsturnen für Schwangere. Die Frauen lernen richtig zu atmen und ihre Männer, wie sie ihren Frauen in den letzten Tagen vor der Entbindung helfen können. „Wichtig ist“, sagt der Trainer, „daß Sie miteinander viel spazierengehen.“ Alle nicken. Da meldet sich ein Mann: „Ist dagegen etwas einzuwenden, daß meine Frau dabei mein Golfbag trägt?“

Hinweisschild am Clubhaus:
Männer: Kein Hemd, kein Golf.
Frauen: Kein Hemd, keine Greenfee.

Jack Nicklaus und Stevie Wonder stehen in einer Bar. Nicklaus: „Wie geht's deiner Karriere?" – „Ganz gut, mein letztes Album verkauft sich prächtig. Und bei dir?" – „Es geht, für mein Alter verdiene ich noch ganz gut. Ich habe nur Probleme mit dem Schwung." – „Wenn ich mit meinem Schwung Probleme habe, dann mache ich ein paar Wochen Pause, und dann geht's wieder." Nicklaus sieht ihn überrascht an: „Was, du spielst Golf? Wie geht das, wenn man blind ist?" – „Mein Caddy stellt sich immer dorthin, wohin ich spielen muß, und ruft mir zu." – „Toll, und welches Handicap hast du?" – „Null." – „Na, dann sollten wir doch einmal miteinander spielen." – „Gut", entgegnet Stevie Wonder, „aber ich spiele immer um Geld, und nie um weniger als 100.000 Dollar pro Loch." – „In Ordnung, und wann spielen wir?" – „Jede Nacht ist okay für mich!"

Golf ist ein einzigartiger Sport zur Entwicklung menschlicher Beziehungen:
Du fängst eine Runde mit drei Freunden an und beendest sie mit drei Feinden.

Der Rabbi ist zu Yom Kippur weit weg von seiner Heimatstadt. Und weil ihn da niemand kennt, beschließt er, eine Runde Golf zu spielen. Doch Gott sieht ihn. „Ein Jude darf zu Yom Kippur nicht Golf spielen", sagt er zu Moses, „ich werde ihn bestrafen." – „Laß mich das tun", erwidert Moses. In diesem Augenblick schlägt der Rabbi ab, und Moses lenkt den Ball direkt ins Loch. Hole-in-one. Und so geht es weiter die ganze Runde lang. Da schaut Gott Moses zweifelnd an: „Und das soll eine Strafe sein?" – „Ja, Herr," erwidert Moses, „wem soll er es denn erzählen?"

Heinz schlägt bereits zum fünften Mal den Ball, doch dieser rollt nur wenige Meter. Da wird es dem Pro zu bunt. „Heinz, ich zeig es dir mal vor!"
Der Pro spricht den Ball an, holt aus und schlägt den Ball mitten aufs Grün. „Kunststück", meint Heinz, „nachdem ich das Ding müde gemacht habe."

Warum ist Golf wie Sex?
Denk positiv. Beuge die Knie. Kopf unten lassen. Guter Hüfteinsatz. Perfekter Rhythmus. Entspannen.

Zwei Spieler nähern sich dem ersten Abschlag. Der eine greift in sein Golfbag, holt einen roten Ball heraus und sagt zu seinem Freund: „He, probier doch diesen Ball! Den kannst du nicht verlieren!“ Sagt der Freund: „Wie meinst du das?“ – „Wenn du ihn in den Wald schlägst, gibt er einen Piep von sich, wenn du ihn ins Wasser schlägst, steigen Luftblasen auf, und wenn du ihn ins Rough schlägst, zeigt dir eine Rauchwolke, wo er liegt.“ Der Freund: „Unglaublich! Wo hast du ihn her?“ – „Ich hab' ihn gefunden.“

Golf ist das Spiel, in dem immer die langsamsten Menschen der Welt vor dir spielen und die schnellsten hinter dir.

Johannes und Robert spielen eine Runde Golf, da schlägt Robert den Ball mit einem weiten Slice in den Wald. Robert nimmt das Eisen 8 und macht sich auf die Suche nach dem Ball. Pötzlich entdeckt er im Gebüsch ein Skelett mit einem Eisen 8 in der Hand. Gleich daneben liegt Roberts Ball. „He, Johannes, komm her!“ ruft er aufgeregt zu seinem Partner. „Was ist los, Robert?“ – „Ich zeig's dir gleich ... Aber nimm mein Eisen 9 mit! Mit dem Eisen 8 bist du hier chancenlos!“

„Mein Arzt hat mir geraten, mit Golf aufzuhören." – „Warum? Hat er dein Herz untersucht?" – „Nein, er hat meine Scorekarte gesehen!"

Ein Golfer will unbedingt mit einem Caddy auf die Runde gehen, doch sind gerade alle unterwegs. Da bietet ihm der Club-Pro einen Roboter an, der wie der Android aus STAR WARS aussieht. „Er findet jeden Ball", erklärt der Pro, „und speichert jeden Score. Er kann auf Basis früherer Schläge errechnen, welches Eisen oder Holz Sie wählen sollen, und er warnt Sie vor jedem Hindernis." Der Mann spielt mit dem Roboter, und es ist die Golfrunde seines Lebens. Als er nächste Woche wiederkommt, erklärt ihm der Pro, daß der Roboter nicht mehr im Einsatz ist. „Ein Sonnenreflex des Roboters hat einen Busfahrer auf einer nahegelegenen Straße so irritiert, daß der Bus in den Graben stürzte. Mehrere Fahrgäste wurden dabei verletzt." – „Mein Gott", sagt der Mann, „aber warum zieht Ihr ihm nicht Kleider an?" – „Das haben wir getan", sagt der Pro, „aber er dachte, er wäre Greg Norman, summte die Filmusik von DER WEISSE HAI und war nicht aus dem Wasserhindernis von Loch 7 zu bewegen."

Vier fünfundachtzigjährige Golfer gehen, wie jede Woche seit sechzig Jahren, ihre Runde. Da sagt der eine: „Die Steigungen werden jedes Jahr anstrengender." Der zweite: „Und die Fairways immer länger." Der dritte: „Und die Bunker immer größer." – „Hört doch auf zu jammern", schaltet sich der vierte nach einer Pause ein. „Hauptsache, wir sind noch immer auf dieser Seite des Rasens."

Golf is an easy game – it's just hard to play.

Ein Mann läßt sich die Zukunft voraussagen. Die Wahrsagerin blickt in die Kristallkugel und sagt: „Ich sehe Sand, Wasser und Bäume. Entweder Sie planen einen schönen Urlaub – oder Sie sind ein miserabler Golfer!"

Ein alter Mann spielt jede Woche mit seinen Freunden Golf, seit heute trägt er Bifokal-Brillen. Am ersten Loch versenkt er einen Sieben-Meter-Putt, am zweiten und dritten gelingen ihm ähnliche Kunststücke. „He, Hubert", fragt ihn sein Freund, „was ist dein Geheimnis? Noch nie hast du so gut geputtet!" – „Ja, Freunde, das sind die neuen Bifokal-Brillen. Ich sehe einen kleinen Ball und einen großen Ball, schlage den großen Ball – und der Rest ist Geschichte." Einige Löcher später muß Hubert austreten und verschwindet im Wald. Als er zurückkommt, sind seine Hosen durchnäßt. Verwirrt erklärt er: „Ich habe hineingegriffen und hinuntergeschaut: ein kleines und ein großes Ding. Ich wußte, daß das große nicht mir gehört, so hab' ich es wieder hineingetan."

Die Frau des Golfers klagt einer Nachbarin ihr Leid: „Jetzt habe ich einmal meinen Mann zum Golfen begleitet – und prompt alles falsch gemacht: zu laut gesprochen, die falschen Schläger gewählt, zu steil aufgeschwungen ... und besser gescort als er!"

„Sag mal, Schatz! Warum spielst du mit Harald nicht mehr Golf?" fragt die Frau ihren Mann. Darauf er: „Würdest du mit einem Typen spielen, der meist betrunken ist, der immer wieder seine Bälle im Rough verliert, der jämmerliche Witze erzählt, während du puttest, und der die anderen Leute am Platz anpöbelt?" – „Natürlich nicht, mein Liebling!" – „Siehst du, Harald denkt genauso!"

Markus schlägt als erster seines Flights ab, der Ball fliegt mit einem furchtbaren Hook über das Dach des Klubhauses, worauf er beschließt, sich einen Mulligan zu nehmen und sofort einen zweiten Ball nachzuspielen. Als Markus zu seinem auf dem Fairway gelandeten Ball gehen will, läuft ein Klubmitglied aufgeregt zu ihm und hält ihn auf: „He, Markus, hast du gesehen, was mit deinem Ball geschehen ist?!" – „Er ist über das Klubhaus geflogen." – „Ja, aber dahinter hat er die Windschutzscheibe eines auf der Straße vorbeifahrenden Schulbusses eingeschlagen, den Fahrer getroffen, der die Herrschaft über den Bus verloren hat, der Bus ist über den Abhang gestürzt und in Flammen aufgegangen, mehrere Kinder sind schwer verletzt." – „Oh Gott, was soll ich machen?" – „Ich denke, du solltest dein Schlägerblatt ein wenig öffnen."

Mulligan: Der Versuch, einen schlechten Schlag durch einen meist noch schlechteren zu ersetzen.

„In unserem Klubrestaurant kann man sofort erkennen, ob ein Greenfee-Spieler am Tisch sitzt." – „Wieso?" – „Das ist der einzige, der nicht über das Essen meckert."

Jesus, Moses und ein alter Mann stehen am Abschlag eines Par 3. Moses schlägt ab, sein Ball ist ein wenig zu kurz und fliegt direkt in den Teich vor dem Grün, doch das Wasser teilt sich, der Ball springt vom Boden des Teichs auf das Grün und rollt zwei Meter vor dem Loch aus. Nun schlägt Jesus ab. Auch sein Ball ist zu kurz, er rollt jedoch auf der Oberfläche des Wassers bis aufs Grün und bleibt einen Meter vor dem Loch liegen. Nun kommt der alte Mann. Sein Ball gerät zu lang, doch ein Adler fängt den Ball mit seinem Schnabel und läßt ihn über dem Teich fallen – direkt auf eine Schildkröte, die den Ball auf dem Rücken an den Rand des Grüns trägt, ihn dort abwirft – der Ball rollt genau ins Loch. Jesus schaut den alten Mann anerkennend an: „Guter Schlag, Paps!"

The other day I was playing golf
and I hit my two best balls.
I stepped on a rake.

Johnny Miller: „Golf ist 90 Prozent Inspiration und 10 Prozent Transpiration."

Die Jahresversammlung des Klubs ist fast zu Ende, als sich ein Mitglied aus der letzten Reihe bemerkbar macht: „Es gibt noch einen Punkt zu klären: den Ausschluß von Herrn Schmitt."
Der Präsident ist erstaunt: „Warum?" – „Vergangene Woche haben wir ihn dabei erwischt, wie er sich im Grünbunker von Loch 9 über unsere Clubsekretärin hergemacht hat." – „Aber das ist doch kein Ausschlußgrund!" – „Oh doch, er hat nachher den Sand nicht in Ordnung gebracht."

Vor der Runde geht Walter zu den wartenden Caddies: „Ich brauche einen Caddy, der richtig zählt und mein Score führt. Wieviel ist drei plus vier plus fünf?" – „Elf", sagt einer nach einigem Zögern. – „Sehr gut! Du bist richtig!"

Drei Rabbis stehen am ersten Tee. Da kommt ein junger Mann und fragt, ob er mitspielen kann. „Es wird uns sein ein Vergnügen", sagt der älteste der drei. Sie spielen die Runde, die drei Rabbis beenden die 18 Löcher mit 69, 70 und 71 Schlägen. Der junge Mann scort 104 und fragt verwundert: „Wieso könnt Ihr so gut Golf spielen?" Der älteste der drei antwortet: „Wenn du regelmäßig in die Synagoge gehst und auch sonst ein religiöses Leben führst, wirst du belohnt." Der junge Mann beschließt, sein Leben zu ändern. Der Zufall will es, daß sich gegenüber seinem Wohnhaus eine Synagoge befindet, die er von nun an zweimal pro Woche besucht. Außerdem führt er ein Leben nach den Regeln seines Glaubens. Ein Jahr nach dem ersten Zusammentreffen spielt er wieder eine Runde mit den drei Rabbis. Wieder scoren die drei 69, 70 und 71. Wieder braucht er 104 Schläge. „Was ist los, ich hab' alles getan, was Ihr gesagt habt. Ich besuchte regelmäßig die Synagoge und führte ein religiöses Leben." Der älteste der drei sieht ihn gütig an: „In welche Synagoge bist du gegangen, mein Sohn?" – „Beth Shalom, ehrwürdiger Rabbi." – „Mein Sohn, das ist eine Synagoge fürs Tennis!"

Während eines Pro-Ams fragt der Amateur den Professional: „Wie gefällt Ihnen mein Spiel?“ – „Es ist okay“, sagt der Professional, „aber mir persönlich ist Golf lieber.“

Der Mann erzählt: „Ich ging eine Golfrunde, als plötzlich auf dem Fairway ein Frosch vor mir saß und mir zurief: ‚Nimm jetzt ein Eisen 9!‘ Ich tat, wie er sagte, und lochte direkt ein. Auf dem nächsten Grün sagte der Frosch, ehe ich noch die Puttlinie gelesen hatte: ‚Du mußt das Loch links anspielen.‘ Ich tat, wie er sagte, und lochte direkt ein. Und so ging es weiter, die ganze Runde lang. Auf dem Weg ins Klubhaus hüpfte der Frosch aufgeregt neben mir her. ‚Was jetzt?‘ fragte ich ihn. ‚Las Vegas, Roulette‘, antwortete der Frosch. Ich fuhr mit ihm nach Las Vegas, spielte Roulette, der Frosch sagte mir immer die Zahlen, auf die ich setzen sollte. Ich tat, wie er sagte und gewann eine Million Dollar. Da nahm ich mir das teuerste Zimmer im teuersten Hotel, setzte den Frosch aufs Bett und fragte ihn: ‚Was jetzt, wie kann ich mich revanchieren?‘ ‚Küß mich!‘ Nach all dem, was der Frosch für mich getan hatte, überwand ich mich, küßte ihn und plötzlich verwandelte er sich in ein wunderhübsches 16jähriges Mädchen. Und so kam das Mädchen in mein Bett, Euer Ehren.“

Ein junges amerikanisches Ehepaar auf Flitterwochen. Nach einigen Tagen sagt der Mann. „Honey, I have something to tell you. I'm a golf fanatic and I must play every day.“ Da sagt die Frau: „I also need to tell you something. I'm a hooker, and I need to do it every day.“ „That's okay, we will change your grip.“

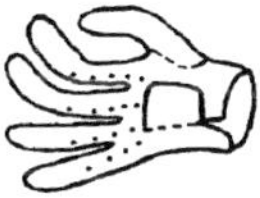

Georg geht erstmals mit einem Caddy über den Platz. Seine Runde ist eine Katastrophe. Ein Dutzend Bälle gehen in Wasserhindernissen verloren, genausoviele im Rough und in angrenzenden Wäldern. Immer wenn Georg ein Schlag mißlingt, räuspert sich der Caddy. Immer wenn Georg einen Putt verschiebt, stöhnt der Caddy kurz auf. Auf dem 17. Grün macht sich Georg eben zum Putt bereit, als der Caddy fürchterlich zu husten beginnt. Wütend schleudert Georg den Putter in seine Richtung: „Du bist der schlechteste Caddy der Welt!“ Der Caddy grinst: „Das glaube ich nicht, solche Zufälle gibt es nicht.“

Die Abschläge sind für die Show,
das Putten ist fürs Geld.

Was macht eine Frau mit ihrem Ehemann, damit sie zu einem tollen Orgasmus kommt? Sie schickt ihn auf den Golfplatz.

Der israelische Regierungschef Benjamin Netanyahu macht dem Papst den Vorschlag, in einem Turnier zu ermitteln, ob Juden oder Katholiken besser Golf spielen. Daraufhin beruft der Papst das Kardinalskollegium ein, um über den Vorschlag zu diskutieren. „Eure Heiligkeit", sagt einer der Kardinäle, „wir rufen Jack Nicklaus in Amerika an. Wir ernennen ihn zum Kardinal, dann kann er gegen Netanyahu spielen. Wir können gar nicht verlieren." Alle halten das für eine großartige Idee und stimmen zu. Das Telefonat kommt zustande, Jack Nicklaus fühlt sich äußerst geehrt und erklärt sich bereit, zu spielen. Nach dem Spiel kommt Nicklaus in den Vatikan, um zu berichten, wie es gelaufen ist. „Ich bin zweiter geworden, Eure Heiligkeit", sagt Nicklaus. „Was? Sie sind nur zweiter geworden?" fragt der Papst. „Zweiter hinter Netanyahu?!" – „Nein", sagt Nicklaus, „zweiter hinter Rabbi Woods."

Caddy-Master: „Leider, wir haben heute keine Startzeit mehr frei!“ Golfer: „Und was wäre, wenn Bernhard Langer käme? Ich bin sicher, Sie hätten eine Startzeit für ihn.“ Caddy-Master: „Natürlich.“ Golfer: „Eben. Ich weiß, daß er heute nicht kommen wird. Können Sie mir nicht seine Startzeit geben?“

Zwei Golfer kommen zu einem Par 3, das über einen Fluß führt. Flußaufwärts sehen sie zwei Fischer, die ihre Angeln ins Wasser hängen lassen. Sagt der eine Golfer zum anderen: „Sieh dir diese zwei Idioten an. Die angeln im strömenden Regen.“

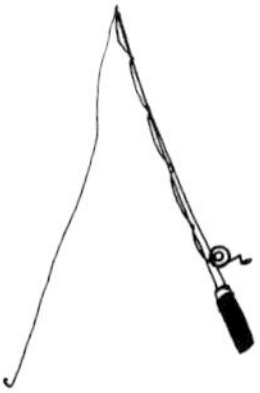

„Angeklagter, Sie leugen also nicht, auf dem Kopf des Klägers einen Golfschläger entzwei geschlagen zu haben?“ – „Nein, Herr Richter, aber es ist nicht mit Absicht geschehen.“ „Sie wollten ihn also nicht treffen?“ – „Doch, aber ich wollte dabei nicht den Schläger zerbrechen.“

Ein Mann, der morgens um sechs von zuhause weggegangen ist, um eine Runde Golf zu spielen, kommt lange nach Einbruch der Dunkelheit zurück. Seine Frau ist wütend und will wissen, wo er so lange gewesen ist. „Schau, ich gehe in der Früh zum Auto, und die Kiste springt nicht an. Deshalb rufe ich Walter an, damit er mich abholt. Auf dem Weg zum Golfplatz hat Walters Auto einen Defekt, und wir müssen zehn Kilometer zur nächsten Busstation gehen, um Hilfe zu holen. Als Walters Auto wieder läuft, ist es kurz nach zehn. Als wir am Platz eintreffen, beginnt gerade das Seniorenturnier. Wir müssen zwei Stunden warten, bis wir abschlagen können.“ – „Aber das war vor mehr als zehn Stunden“, murrt die Ehefrau. „Schon, schon, und wir haben anfangs auch recht flott gespielt. Doch am fünften Grün wird Walter von einem verirrten Ball am Kopf getroffen. Er fällt um wie ein Stück Holz und ist auf der Stelle tot. Die nächsten dreizehn Löcher sind die Hölle: den Ball spielen, Walter schultern, den Ball spielen, Walter schultern, ...“

Erster Golfer auf dem Fairway: „Na, liegt der Ball spielbar?“
Zweiter Golfer im Wald: „Noch nicht!“

Ein Regenwurm trifft seinen Freund. „Das muß ich dir erzählen. Gestern habe ich Golf gespielt.“ Der Freund: „Wie ging das denn?“ – „Nun“, sagt der Wurm, „ich komme aus dem Boden raus, schaue mich um, da bückt sich ein Mann, setzt mir den Ball auf den Kopf, ich balanciere ihn, und er schlägt ihn mir auch schon wieder weg. Ich höre noch ‚toller Golfschlag‘, mehr weiß ich nicht.“ Der Freund nachdenklich: „Aber war das nicht gefährlich?“ Darauf der Wurm lässig: „Nicht gefährlicher als Angeln.“

Ein Amerikaner macht Golfurlaub in Mexiko und mietet sich ein Auto. Am Ende des Urlaubs gibt er das Auto zurück, und der Mann von der Verleihfirma sieht am Beifahrersitz zwei Tees liegen.
„Excuse me, Sir, but are these yours?“
„Yes, thanks, those are my tees.“
„What do you do with them?“
„I put my balls on them when I drive.“
„Well, ask a silly question, get a silly answer.“

Sam Sneads Rat an einen Schüler: „Laß es erst mal für drei Wochen sein – und höre dann für immer auf."

An einem heißen Sommertag spielen drei Damen eine Runde Golf. Plötzlich sehen sie einen Mann, der splitternackt im Gras liegt. Um nicht erkannt zu werden, bedeckt er noch rasch sein Gesicht mit dem Badetuch. Da sagt die eine Dame: „Im ersten Augenblick dachte ich, es sei mein Mann." – „Nein, er ist es nicht", meint die zweite. Die dritte sieht nochmals kurz hin und sagt dann: „Der ist überhaupt nicht aus unserem Golfklub."

Wie klingt das, wenn ein Golfspieler Pech hat?
WÄKKKH. Scheiße.
Wie klingt das, wenn ein Fallschirmspringer Pech hat?
Scheiße. WÄKKKH.

Drei Amerikaner treffen sich am Muttertag zu einer Runde Golf. Jeder will vom anderen wissen, wie er es erreicht hat, daß ihn seine Frau ausgerechnet an diesem Tag Golf spielen ließ.
Der erste: „I purchased a dozen red roses for my wife, and she was so happy that she let me go."

Der zweite: „I purchased a diamond ring for my wife, and she was so thrilled with me that she let me go."
Der dritte: „I woke up this morning, rolled over, looked at my wife, and said to her: Golf course or inter-course? and she said: I'll put your clubs in the car!"

Ein wagemutiger High-Handicapper hat jedes Mal Probleme mit dem Wasserhindernis auf Loch 14. Zahllose Bälle hat er dort bereits versenkt, so daß er sich dieses Mal entschließt, mit einem alten Ball voller Kerben zu schlagen. Er greift in sein Golfbag, holt den alten Ball heraus, teet auf und beginnt, den Ball anzusprechen. Als er zum Schwung ausholt, hört er von oben eine tiefe Stimme: „Nimm den neuen Ball!" Er nimmt einen neuen Ball aus dem Bag und teet auf. Wieder die tiefe Stimme von oben: „Mach einen Probeschwung!" Der Mann tritt ein paar Schritte zurück und macht einen Probeschwung. Als er nach vorne zum Tee geht, hört er wieder die Stimme: „Nimm den alten Ball!"

Mark Twain: „Golf ist ein Spaziergang mit Ärgernissen."

Gerhard spricht den Ball an, holt weit aus, aber etwas läuft schief und der Ball fliegt in einem mächtigen Slice nach rechts. Er landet am benachbarten Fairway und trifft einen Mann, der zu Boden fällt. Gerhard und sein Partner laufen zu dem Spieler, der bewußtlos am Boden liegt. Zwischen seinen Beinen liegt Gerhards Ball.
„Großer Gott", sagt Gerhard, „was soll ich nur tun?"
„Bewege ihn nicht", rät ihm sein Partner, „wenn wir ihn hier liegen lassen, wird er zum unbeweglichen Hemmnis, und du kannst den Ball straffrei droppen."

Zwei Schotten, Sandy und Angus, kommen zu einem Wasserhindernis. Sandy schlägt – der Ball landet in der Mitte des Teiches. Er greift in sein Golfbag und bemerkt, daß ihm die Bälle ausgegangen sind.
Da fragt er Angus, ob er einen Ball für ihn hat. Angus gibt ihm einen Ball, und auch dieser landet im Wasser.
Dies wiederholt sich drei Mal, dann sagt Angus: „Sandy, diese Bälle kosten eine Menge Geld. Ich glaube, du solltest das Loch streichen." Da sagt Sandy:
„Wenn du dir Golf nicht leisten kannst, dann darfst du nicht spielen."

What is the difference between Tiger Woods and Lady Di?
Tiger Woods has a better driver.

Drei Männer bereiten sich auf den ersten Abschlag vor, da kommt eine traumhaft schöne Frau vorbei und fragt: „Darf ich mich Ihnen anschließen?“ Natürlich wollen sie die Runde gemeinsam spielen, doch die Frau warnt: „Ich bin Anfängerin, Sie müssen Geduld mit mir haben.“ – „Kein Problem“, sagen die drei. Die Frau schlägt vom ersten Tee ab, der Ball landet mitten am Fairway. Mit dem zweiten Schlag liegt sie am Grün. Als sich der Flight dem Grün nähert, sagt die Frau: „Wenn ich den Putt einloche, wäre dies mein erstes Birdie auf einem Par 4. Wer mir dabei hilft, mit dem werde ich die kommende Nacht verbringen, und ich verspreche ihm, daß kein Wunsch unerfüllt bleibt.“ Der erste Golfer begutachtet die Puttlinie von allen Seiten und meint: „Der Ball wird sechs Zentimeter nach links brechen.“ Der zweite Golfer lotet mit seinem Putter das Grün aus und sagt: „Der Ball wird vier Zentimeter nach rechts brechen.“ Da sagt der dritte Golfer zur Frau: „Sie können den Ball aufheben – er ist geschenkt.“

Dave Marr: „Spiele nie mit jemandem um Geld, der tief gebräunt ist, ein Eisen 1 im Bag hat und dich verschmitzt anlacht.“

Der Golfklub Wien-Freudenau liegt mitten in einer Galopprennbahn. An einem Sonntag ist dort ein Wettspiel und gleichzeitig ein Fairwayrennen. Danach erzählt im Klubhaus einer der Golfer: „Ich überquere die Rennbahn am 18. Loch, plötzlich kommt ein Bulk Rennpferde auf mich zu, die Pferde springen über die Hürde, einer der Jockeys stürzt, sein Pferd läuft davon, und da der Jockey anscheinend kurzsichtig ist, setzt er sich auf mich!“ Stille. Da fragt einer: „Und was war dann?“ – „Was soll schon gewesen sein? Zweite sind wir geworden!“

„Idiot! Your ball hit me in the eye! I'll sue you for five million dollars!“ – „But I said fore.“ – „I'll take it.“

Ein Golfer hackt sich übers Fairway und schlägt gewaltige Divots aus dem Boden. Gegen Ende der Runde sagt er zu seinem Caddy: „Ich könnte Himmel und Erde in Bewegung setzen, um auf diesem Kurs unter 100 zu scoren.“ – „Versuchen Sie es mit dem Himmel“, sagt der Caddy, „Erde haben Sie schon genug bewegt.“

Der kleine Franzi ist ein ausgezeichneter Golfer und ein katastrophaler Schüler. Fragt ihn die Biolehrerin: „Was ist eine Kloake?“ – Franzi wie aus der Pistole geschossen: „Eine Kloake ist ein schmutziges Wasser!“ Die Lehrerin: „Doch nicht in der Tierwelt, Franzi! Dort ist eine Kloake ein gemeinsamer Ausgang für Darm, Harnblase und Geschlechtsorgane.“ – „Aha“, sagt Franzi, „ein Hole-in-one.“

David Leadbetter kommt in den Himmel. Er bittet den lieben Gott, eine Mannschaft aufstellen zu dürfen, um nach den Regeln des Ryder Cups ein Turnier Himmel gegen Hölle auszutragen. Der liebe Gott ruft beim Teufel an: „Habt ihr Lust gegen uns Golf zu spielen?“ – „Warum nicht?“ fragt der Teufel. „Aber ihr habt nicht die geringste Chance.“ – „Aber, aber“, sagt der liebe Gott, „wir haben die besten Spieler aller Zeiten: Tommy Armour, Walter Hagen, Bobby Jones, Henry Cotton, Ben Hogen, ...“ – „Na und?“ meint der Teufel. „Wir haben die Mitglieder des Regelkomitees von St. Andrews!“

Eine Eisbärenfamilie spielt im Schneeregen Golf. „Sag mal, Mami, waren meine Großeltern auch schon Eisbären?“ fragt der kleine Eisbär. „Aber ja.“ – „Die Urgroßeltern auch?“ – „Natürlich, mein Kleiner.“ – Die Bären gehen zum nächsten Abschlag. Eiskalter Wind bläst ihnen ins Gesicht. Da sagt der Kleine: „Ich friere trotzdem!“

Zwei Frauen gehen auf die Runde. Die erste schlägt ab und sieht mit großem Entsetzen, wie der Ball am benachbarten Fairway landet und einen Golfer niederstreckt. Der Mann kniet am Boden, die Hände zwischen den Oberschenkeln, und wimmert ganz fürchterlich. „Mein Gott, das tut mir sooo leid“, sagt die Frau. „Ich bin Physiotherapeutin – sagen Sie mir, wie ich Ihnen helfen kann.“ – „Uah, oh, uahhh ...“, stöhnt der am Boden Kauernde. Die Frau legt seine Hände um ihre Hüften und massiert ihn gefühlvoll zwischen seinen Oberschenkeln. „Geht es Ihnen jetzt besser?“ Der Mann blickt verzückt auf und sagt: „Ja, aber mein Daumen schmerzt noch immer höllisch!“

Ein Mann kommt zum Golfplatz und bekommt die Nachricht, daß seine Partner abgesagt haben. So wird er in einen Flight mit einer attraktiven Blondine eingeteilt. Am 19. Loch trinken sie gemeinsam Sekt und beschließen, in einem feinen Restaurant Abend zu essen und dann die Nacht im Hotel zu verbringen. Dabei erweist sich die Frau als eine Könnerin in Sachen Oralsex – der Mann ist hellauf begeistert. Am nächsten Tag das gleiche Spiel: erst Golf, dann ein feines Abendessen, dann eine Nacht im Hotel. So verläuft auch der Rest der Woche. Am Freitagabend im Hotel sagt der Mann, er würde gerne mit ihr normalen Sex haben. „Das geht leider nicht", sagt die Frau, „ich bin nämlich Transvestit." – „Mein Gott, wie konntest du mich so betrügen?! Du hast doch jeden Tag vom Damenabschlag gespielt!"

Bob Hope über Bing Crosby: „Er gewinnt eher den Oscar als ein Golfspiel."

Ein Amerikaner macht Urlaub in einem All-Inclusive-Club in der Karibik. Am ersten Tag entscheidet er sich, Tennis zu spielen. Die Dame am Desk sagt ihm, daß er im Tennis-Shop einen Trainer finden wird, der gratis mit ihm spielt. Am zweiten Tag entscheidet er sich, reiten zu gehen. Die Dame am Desk sagt ihm, daß er beim Reitstall einen Reitlehrer finden wird, der gratis mit ihm ausreitet. An den folgenden Tagen entscheidet er sich für Wasser-Ski, Tiefseetauchen und Hochseefischen – alles gratis. Am letzten Tag denkt der Amerikaner, jetzt wäre es an der Zeit, eine Runde Golf zu spielen. Die Dame am Desk sagt ihm, daß er beim Klubhaus einen Pro finden wird, der gratis mit ihm spielt. Am Ende des Urlaubs fragt ihn die Dame am Desk, ob er mit dem Spiel zufrieden war. „It was not so good", antwortet der Amerikaner, „in fact I lost five balls." – „Well", sagt sie, „that will be 5000 Dollars, Sir." – „What do you mean 5000 Dollars, for five lousy golf balls?! You are kidding! I played an afternoon of tennis, went horse riding, water skiing, scuba diving, deep sea fishing and more and was never charged a cent, and now that I have lost five balls you charge me 5000 Dollars?!" – „Well", sagt die Dame am Desk, „you know, this hotel really gets you by the balls."

„Schatz“, fragt der Mann, „was würdest du machen, wenn ich das Zeitliche segne?“ – „Warum stellst du denn diese Frage?“ – „Weil ich wissen möchte, ob du nochmals heiraten würdest.“ – „Natürlich nicht, mein Liebling.“ – „Aber es würde mir nichts ausmachen ...“ – „Na dann, vielleicht würde ich wieder heiraten.“ – „Würdest du dann mit ihm in unserem Haus wohnen?“ – „Natürlich nicht, mein Liebling.“ – „Aber es würde mir nichts ausmachen ...“ – „Okay, mag sein, daß ich es tue.“ – „Würdest du dann mit ihm in unserem Ehebett schlafen?“ – „Natürlich nicht, mein Liebling.“ „Aber es würde mir nichts ausmachen ...“ – „Okay, mag sein, daß ich es tue.“ – „Würdest du es zulassen, daß er mit meinen Golfschlägern spielt?“ – „Natürlich nicht, mein Liebling. Er ist ja Linkshänder.“

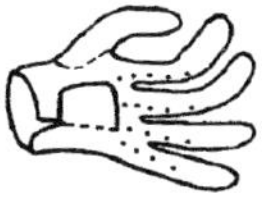

Ein Mann packt mit seiner Frau den Koffer für die Dienstreise. „Sag, wo sind denn meine Golfsocken?“ – „Golfsocken für die Dienstreise?“ – „Na, die braunen mit den 18 Löchern.“

Die meisten Spieler gehen lieber mit einem Golf Cart als mit einem Caddy auf die Runde. Er kann nicht zählen, kritisieren und lachen.

Vier Männer nähern sich Loch 16. Der erste Golfer schlägt den Ball mit einem Hook links über den Zaun. Der Ball fliegt auf die Straße, springt dort auf und trifft einen vorbeifahrenden Linienbus, klatscht von diesem ab und springt in hohem Bogen direkt auf das Grün. Alle staunen, und einer fragt den Golfer: „Sag, wie machst du das?“ Dieser antwortet ohne zu zögern: „Man muß den Busfahrplan kennen.“

Was ist der Unterschied zwischen einem verlorenen Golfball und dem G-Punkt?
Männer suchen mit großer Ausdauer nach einem verlorenen Golfball.

Vier Männer arbeiten in derselben Firma und spielen jeden Sonntagmorgen um dieselbe Zeit Golf. Abschlagzeit ist immer acht Uhr. Da wird einer der vier ins Ausland versetzt, und die verbliebenen drei suchen Ersatz. Eine Golferin hört davon und fragt, ob sie

denn nicht einspringen könne. Die drei Männer zögern zunächst, doch einen Versuch ist die Sache allemal wert. „Ich werde um 7 Uhr 30 oder um 7 Uhr 45 da sein", verspricht die Frau.
Nächsten Sonntag kommt sie tatsächlich schon um 7 Uhr 30 und spielt Platzrekord mit neun Schlägen unter Par. Die drei Männer sind baff. Sie gratulieren der Frau und laden sie zu einem neuen Spiel ein.
Eine Woche später kommt sie wieder um 7 Uhr 30, doch diesmal spielt sie linkshändig. Wieder spielt sie neun Schläge unter Par. Die Männer beschließen, sie in ihren Vierer aufzunehmen.
Als sie später im Klubhaus gemeinsam Sekt trinken, fragt einer der Männer die Frau: „Eines würde mich interessieren: Wann spielen Sie rechtshändig und wann linkshändig?" – „Das ist rasch erklärt", sagt die Frau. „Bevor ich aufstehe, werfe ich einen Blick unter die Decke meines Mannes. Er schläft immer nackt. Wenn sein Ding nach rechts zeigt, spiele ich rechtshändig, zeigt es nach links, spiele ich linkshändig." Fragt einer der Männer: „Und wenn es nach oben zeigt?" – „Dann komme ich um 7 Uhr 45."

Walter Hagen: „Gebt mir einen Mann mit großen Händen, großen Füßen und ohne Verstand, und ich mache einen Golfer aus ihm.“

Ein Mann hat einen rabenschwarzen Golftag. Jeder zweite Ball landet im Rough. Auf der Suche nach seinen eigenen Bällen, findet er jede Menge fremde Bälle, die er in seine Hosentaschen stopft. Bevor er nach Hause fährt, stoppt er bei McDonald's. Er bestellt sich einen Hamburger Royal, da starrt die Verkäuferin hinter der Kassa auf seine Hose. Er bemerkt es und sagt: „Oh, keine Sorge – das sind nur Golfbälle.“ Die Frau antwortet: „Mann, wenn das so etwas wie ein Tennisarm ist, dann muß es höllisch weh tun.“

Eine Golferin kommt schon eine Viertelstunde, nachdem sie auf die Runde ging, ins Klubhaus zurück. Der Pro ist überrascht: „Wieso sind Sie schon zurück?“ – „Ich bin von einer Biene gestochen worden.“ – „Oh, wirklich? Wo ist das passiert?“ – „Zwischen dem ersten und zweiten Loch.“ Darauf der Pro: „Mein Gott, habe ich Ihnen nicht immer gesagt, Ihr Stand ist zu breit?!“

Willie Nelson gehört zu jenen Amerikanern, die sich den Luxus eines eigenen Golfplatzes leisten und über Golf immer offen und ehrlich sprechen.
„Es ist mein eigener Platz – dort kann ich spielen, wie ich will, kann trinken, was ich will, bin bekleidet, wie ich will. Auch die Pars sind so, wie ich sie will. Auf meinem Platz gibt es ein Par 23, und eines Tages werde ich auf diesem verdammten Loch ein Birdie spielen."

Donald ist das wohlhabendste Mitglied von Augusta und gleichzeitig der schlechteste Spieler. Nach dem Masters-Turnier tritt Donald an Mark O'Meara heran und fordert ihn zu einem Spiel heraus – um das Doppelte des Preisgeldes, das O'Meara gerade gewonnen hat.
O'Meara zögert, doch Geld kann man immer brauchen.
Um das Spiel fair zu gestalten, bietet O'Meara an, daß Donald mit jedem beliebigen Handicap spielen kann.
Donald verlangt daraufhin zwei GOTCHAS. O'Meara weiß zwar nicht, was ein GOTCHA ist, aber er willigt ein.
O'Meara legt seinen Ball aufs Tee. In diesem Augenblick schlägt ihm Donald den Driver mit größter Wucht von hinten zwischen die Beine und ruft: „GOTCHA!!!"
Nach der Runde herrscht im Klubhaus große Aufregung.
Niemand kann sich erklären, wie O'Meara verlieren konnte. Sein einziger Kommentar: „Haben Sie jemals eine Runde lang auf ein zweites GOTCHA gewartet?!"

Braut und Bräutigam stehen vor dem Altar. Da sieht die Braut, daß der Bräutigam Golfschläger in die Kirche mitgenommen hat. „Was um Himmels willen machst du hier mit deinen Golfschlägern?“ flüstert sie. „Nun“, flüstert er zurück, „das hier wird doch nicht ewig dauern ...“

Golfer: „So schlecht habe ich noch nie gespielt!“
Caddy: „Was, Sie haben schon einmal gespielt?“

Ein Mann klopft an die Himmelspforte, und Petrus öffnet ihm. „Aha“, sagt Petrus, „du bist es. Wir haben schon auf dich gewartet. Du warst anständig und brav, aber einmal – so steht es in meinem Notizbuch – einmal hast du fürchterlich geflucht. Stimmt das?“ – „Ja“, sagt der Mann, „aber es war ein einziges Mal.“ – „Gut, ich werde sehen, ob ich Nachsicht üben kann. Soviel ich weiß, bist du Golfer, nicht wahr? Das erklärt ja einiges. Komm, erzähl mir, wie es passiert ist.“ Der Mann: „Ich lag im Finale der Lochwettspiel-Meisterschaft meines Klubs nach 17 Löchern mit EINS AUF in Führung. Als ich am 18. Loch, einem Par 3, zum Schlag ausholte, bemerkte ich, daß ich den falschen Schläger in der Hand hielt. Es war ein Eisen 9, statt eines Eisens 6." Petrus: „Das war der Moment, als du geflucht hast?" Der Mann: „Nein. Wie sich herausstellte, war es der Schlag meines Lebens. Ich traf den Ball perfekt. Doch plötzlich kreuzte ein Vogel die Flugbahn des Balles." Petrus: „Dann hast du geflucht, nicht wahr?" Der Mann: „Nein. Denn plötzlich bog der Ball ab, und nur deshalb landete er am Grün. Er rollte zur Fahne. Doch da kam ein Eichhörnchen und lief auf den Ball zu." Petrus: „Das war wohl der Moment, als du geflucht hast?" Der Mann: „Nein. Das Eichhörnchen lenkte den Ball so ab, daß er zwanzig Zentimeter vor dem Loch liegen blieb." Petrus: „Du hast doch nicht diesen verdammten Zwanzig-Zentimeter-Putt verschissen, oder?"

Was ist der Unterschied zwischen einem Lob Wedge?
Je höher desto PLOP.
Und was ist der Unterschied zwischen einem Eisen 1?
Je weiter, desto ROUGH.

Walter Hagen vor Turnierbeginn im Umkleideraum: „Wer wird heute zweiter?"

Schon die ganze Runde streitet der Golfer mit seinem Caddy über die richtige Schlägerwahl, und der Caddy hat jedes Mal recht behalten. Schließlich kommen sie zum letzten Loch, einem 160 Meter langen Par 3 mit starkem Gegenwind. Der Caddy gibt dem Golfer ein Holz 4, und der Golfer schreckt zurück. „Ich glaube, es ist ein Eisen 3", sagt der Golfer. „Nein, Sir, es ist ein Holz 4", sagt der Caddy. „Keineswegs, es ist bestimmt ein Eisen 3." Der Golfer nimmt das Eisen und trifft den Ball perfekt, der erfolgreich gegen den Wind ankämpft und weich am Beginn des Grüns landet, von wo er Richtung Fahne rollt und zwei Zentimeter vor dem Loch zum Stillstand kommt. „Sehen Sie", sagt der Caddy, „ich wußte, daß das Eisen nicht ausreicht."

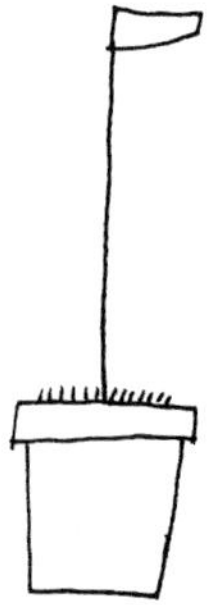

Ein Mann geht zum Arzt und sagt: „Herr Doktor, jedes Mal wenn ich mit dem Eisen 7 schwinge, befallen mich furchtbare Blähungen." Er schwingt mit dem Eisen 7, und die Winde bahnen sich mit Lärm den Weg ins Freie. Er schwingt mit dem Eisen 8 – nichts. Er schwingt mit dem Eisen 6 – nichts. Er schwingt mit dem Eisen 7, und wieder dieser Lärm und ein abscheulicher Gestank. Der Arzt beginnt zu Grübeln: „Ein interessanter Fall ..." Er steht auf und greift zu einem langen Stab, der an der Wand lehnt. „Was haben Sie vor?" fragt der Mann mit nervöser Stimme. Darauf der Arzt: „Ich öffne das Klappfenster, damit wir frische Luft bekommen."

Der Golfer zu seinem Caddy: „Warum sehen Sie, nachdem ich geschlagen habe, immer auf die Uhr?" Caddy: „Das ist keine Uhr, das ist ein Kompaß."

Ein junger Mann spielt mit einem Priester Golf. Bei einem kurzen Par 3 fragt der Priester: „Welchen Schläger nimmst du hier, mein Sohn?" – „Ein Eisen 8. Und Sie?" – „Ich nehme ein leichtes Eisen 7 und bete zu Gott." – Der junge Mann schlägt und trifft das Grün. Der Priester toppt den Schlag, der Ball schießt weit über das Grün hinaus. – Da sagt der junge Mann: „Ich weiß nicht, wie Sie es halten, aber bei uns in der Kirche lassen wir den Kopf unten, wenn wir beten."

Die Regelprüfungen sind deshalb so scheußlich, weil der größte Armleuchter mehr fragen kann, als der klügste Mensch zu beantworten vermag.

Das Lochwettspiel-Turnier der Softwarefirma findet trotz dichten Nebels statt. Auf einem Par 3 schlagen zwei Spieler eines Flights hervorragend ab, doch verschwinden die Bälle im Nebel. Voller Erwartung eilen sie zum Grün, und siehe da – der eine Ball liegt drei Zentimeter neben der Fahne, der andere im Loch. Leider stellt sich heraus, daß beide Spieler ihre Bälle nicht markiert haben. Und beide spielen mit TITLEIST-Bällen des Modells PTS DISTANCE. Aber nicht nur das: Beide Bälle tragen die Ziffer 3. Um den Sachverhalt zu klären, rufen sie mit dem Handy den Klubsekretär herbei. Als dieser eintrifft, wirft er nur einen kurzen Blick auf die Bälle. Dann stellt er die Frage: „Wer von Ihnen spielt mit dem weißen Ball und wer mit dem gelben?"

Ein Manager hat mit seiner Sekretärin ein Verhältnis. Sie verbringen einen Nachmittag im Hotel, und nach einem ausgiebigen Liebesakt schlafen beide ein. Der Mann wacht auf, als es schon dunkel ist, und gerät in Panik. „Rasch", sagt er zu seiner Sekretärin, „während ich mich anziehe, hol meine Golfschuhe aus dem Kofferraum, geh mit ihnen einige Schritte im Rasen

auf und ab und dann durch das Blumenbeet!" Als er schließlich gegen zehn Uhr abends nach Hause kommt, erwartet ihn seine Ehefrau schon bei der Tür: „Wo warst du so lange?" – „Ich will dich nicht anlügen", sagt der Mann, „ich habe den Nachmittag mit meiner Sekretärin im Hotel verbracht, wir sind eingeschlafen, erst viel später bin ich aufgewacht und sofort losgefahren."
Da sieht die Frau die Golfschuhe ihres Mannes und sagt: „Die widerlicher Lügner!
Natürlich warst du wieder am Golfplatz!"

There was once a man, playing alone, and he walked up to the tee and asked the foursome in front of him if he could possibly play through. The problem was that this man was deaf, and he couldn't talk. He ended up writing the request on a piece of paper and gave it to the foursome, at which one of the golfers tore the paper up and laughed in his face. About the seventh hole, the deaf man was getting irritated with the slow play by the others and decided he was fed up with it.
The foursome were just about to hit their second shots, when all of a sudden a ball flew by their heads almost hitting the man who tore up the paper. They all looked back and all they could see was the deaf man holding up four fingers.

Ein Schiffbrüchiger lebt seit zehn Jahren auf einer menschenleeren Insel. Eines Tages steigt direkt vor ihm eine Frau im Taucheranzug aus dem Wasser. „Wie lange ist es her, daß du eine Zigarette geraucht hast?" fragt die blonde und vollbusige Frau. Der Mann antwortet: „Zehn Jahre." Sie öffnet eine Tasche ihres Taucheranzugs und gibt ihm eine Packung Zigaretten. Der Mann zündet sich eine an und macht einen tiefen Zug: „Mein Gott, tut das gut!" – „Wie lange ist es her, daß du Whiskey getrunken hast?" fragt die Frau. Der Mann antwortet: „Zehn Jahre." Sie zieht eine Flasche Whiskey aus dem Taucheranzug und gibt sie ihm. „Mein Gott, das schmeckt fantastisch!" – Dann öffnet sie den vorderen Zipp des Taucheranzugs und sagt zu ihm: „Wie lange ist es her, daß du so richtig Spaß gehabt hast?" Der Mann: „Mein Gott! Du willst doch nicht sagen, daß du auch Golfschläger mit dabei hast?!"

Pfarrer Georg und Pfarrer Engelhard spielen eine Runde Golf. Am ersten Grün schiebt Pfarrer Georg aus einer Entfernung von einem halben Meter einen Putt am Loch vorbei und flucht: „Verdammte Scheiße, daneben!" Pfarrer Engelhard ist überrascht, aber er schweigt. Das Spiel geht weiter, und am dritten Grün mißlingt Pfarrer Georg erneut ein sicher scheinender

Putt. Und wieder flucht er: „Verdammte Scheiße, daneben!“ Da fordert Pfarrer Engelhard seinen Mitspieler auf, sich zu bezähmen, und sagt, Gott werde ihn wie ein Blitz treffen, wenn er weiterhin solche Worte in den Mund nimmt. Die zwei Männer spielen weiter, und Pfarrer Georg kann tatsächlich sein Temperament zügeln. Doch am letzten Grün geht wieder ein Halb-Meter-Putt daneben, der noch dazu das Spiel zu seinen Gunsten entschieden hätte. Unwillkürlich dringen dieselben häßlichen Worte aus dem Mund von Pfarrer Georg, im selben Moment fährt ein Blitz vom Himmel herab – dieser trifft Pfarrer Engelhard, der auf der Stelle tot ist. Da hört Pfarrer Georg von oben eine tiefe Stimme: „Verdammte Scheiße, daneben!“

Lee Trevino: „Golf ist der größte Spaß, den man mit angezogenen Hosen haben kann.“

Zwei Juden spielen miteinander im Turnier. „Wieviele Schläge hast du?“ fragt der, der den anderen zählt. „Fünf.“ – „Sieh her, was du für ein Lügner bist. Wenn du fünf sagst, willst du doch, daß ich glauben soll, es sind sechs. Nun weiß ich aber, daß es wirklich fünf waren. Also warum lügst du?“

Ein Golfer läßt sich die Zukunft vorhersagen. Die Wahrsagerin blickt in die Kristallkugel und sagt: „Ich habe eine gute und eine schlechte Nachricht. Zuerst die gute: Im Himmel gibt es herrliche Golfplätze. Das Design stammt von Arnold Palmer, Jack Nicklaus und Greg Norman. Es gibt keine Greenfees, und auch die Golf Carts sind frei. Jeder kann sich die neuesten Schläger aller Marken ausleihen. Die Fairways und die Greens sind immer frisch gemäht, die Bunker stets eingeebnet. Wenn Sie einen Ball ins Wasser schlagen, bleibt er auf der Oberfläche liegen. Wenn Sie einen Ball in den Wald schlagen, springt er zurück aufs Fairway. Und jede Woche gibt es Turniere mit tollen Preisen." – „Und die schlechte Nachricht?" – „Ihre Abschlagzeit ist morgen früh 8 Uhr 15."

Pro: „Herr Müller, Ihr Putter ist zu lang."
Spieler: „Das weiß ich, aber der Griff ist aus echtem Büffelleder. Ich kann ihn nicht kürzen."
Pro: „Na, dann kürzen Sie ihn eben unten."

Jesus und Moses spielen eine Runde Golf. Als Jesus im Bunker landet, greift er zum Eisen 2. Moses rät ihm davon ab: „Was soll das werden? Mit dem Eisen 2 landest du sicher im Wasser." Doch Jesus bleibt dabei: „Vor kurzem sah ich Tiger Woods im Fernsehen. Was der kann, kann ich auch." Spricht den Ball an, schlägt – der Ball landet im Wasserhindernis. Da teilt Moses das Wasser, damit Jesus den Ball spielen kann. Gleich greift dieser wieder zum Eisen 2. „Was Tiger Woods kann, kann ich auch." Er schlägt den Ball – der Ball bleibt im Wasser. Moses teilt das Wasser, damit Jesus den Ball spielen kann. Doch jetzt wird Moses ungeduldig. „Wenn der Ball wieder im Hindernis landet, werde ich das Wasser kein drittes Mal teilen." Jesus greift aber wieder zum Eisen 2, und wieder mißlingt der Schlag. Nun geht Jesus übers Wasser, um den Ball zu suchen. Da kommen Spaziergänger vorbei und fragen Moses: „Wer ist dieser Typ? Ist das Jesus Christus?" – „Ja, aber er glaubt, er ist Tiger Woods."

Winston Churchill: „Golf ist ein Spiel, bei dem man einen zu kleinen Ball in ein zu kleines Loch schlagen muß, und das mit Geräten, die für diesen Zweck denkbar ungeeignet sind."

Ein Schotte und ein Amerikaner plaudern über Golf im Winter. Der Amerikaner sagt: „In most parts of the United States we cannot play in the winter time. We have to wait until spring." – „Why, in Scotland we can even play in the winter time. Snow and cold are no object to us", sagt der Schotte. „Well, what do you do – paint your balls black?" Sagt der Schotte: „No, we just put on an extra sweater or two."

Zwei Frauen unterhalten sich am 19. Loch ihres Golfklubs. „Hast du von Veronika gehört", sagt die eine. „Nein, was ist mit ihr?" – „Sie soll ihren Mann ermordet haben und befindet sich in Untersuchungshaft." – „Wirklich? Wie hat sie es angestellt?" – „Mit einem Golfschläger." – „Interessant! Wieviele Schläge?"

Ein sonniger Sonntagmorgen. Günther macht einen Probeschwung, blickt Richtung Fahne und beginnt den Ball anzusprechen, da tönt es aus den Lautsprechern des Klubhauses: „Der Spieler am Damenabschlag wird gebeten, sich auf den Herrenabschlag zu begeben!!!" Günther versucht sich zu konzentrieren, da kommt erneut die Durchsage: „Der Spieler am Damenabschlag wird gebeten, sich auf den Herrenabschlag zu begeben!!!" Jetzt hat es Günther satt, und er brüllt Richtung Klubhaus:

„Könnte der Ansager im Klubhaus vielleicht das Maul halten, damit ich meinen zweiten Schlag machen kann?!"

Seve Ballesteros: „Ich wollte das Fairway wäre schmaler angelegt, dann müßte jeder aus dem Rough spielen, nicht immer nur ich."

Ein Rabbi, Handicap 12, und ein Priester, Handicap 11, werden in einen Flight gemeinsam mit einem Handicap-36-Spieler eingeteilt. Bevor dieser den ersten Ball schlägt, bekreuzigt er sich. Da wendet sich der Rabbi zum Priester und fragt: „Wozu ist das gut?"
Darauf der Priester: „Bei ihm ist das für nix gut."

Zwei Anfänger kommen nach einer Runde Golf ins Klubhaus. „Wie sind heute die Grüns?" fragt ein Golfer. „Keine Ahnung", antwortet der eine, „wir haben Stableford gespielt."

Kennst du den kürzesten Golferwitz?
„Jetzt kann ich's."

Während einer Dienstreise geht ein Mann in einem fremden Klub auf eine Runde. Vom Caddy-Master wird ihm ein Gorilla als Flight-Partner zugeteilt. Am ersten Loch, einem Par 5, liegt der Gorilla mit zwei Schlägen am Grün, knapp neben der Fahne. Der Mann sagt: „Geschenkt!" Am folgenden Par 3 schlägt der Gorilla den Ball direkt aufs Grün, wieder knapp neben die Fahne. „Geschenkt!" Und so wie der Gorilla die Runde begonnen hat, setzt er sie auch fort. Im Klubhaus angekommen, erzählt der Mann von der Traumrunde des Gorillas. Da sagt der Head-Pro: „Ich weiß, daß er tolle Drives und Fairway-Schläge hat – nur eines kann ich ihm nicht beibringen: das Putten."

Der deutsche Manager kommt nach Japan und läßt sich am Vorabend seiner geschäftlichen Besprechungen von einer Geisha verwöhnen. Während sie Sex miteinander haben, keucht die junge Frau immer wieder: „Wakari-masin, wakari-masin", was er als besondere Anerkennung seiner männlichen Leistung deutet. Am Tag darauf, nach stundenlangen Besprechungen, laden ihn seine Gastgeber zu einer Runde Golf ein.

Als einer seiner japanischen Geschäftspartner am ersten Grün einen Zehn-Meter-Putt einlocht, will der Manager mit seinem neuen japanischen Wortschatz beeindrucken und ruft: „Wakari-masin, wakari-masin!“
Darauf Schweigen der Japaner, ehe einer von ihnen erstaunt fragt: „Was meinen Sie mit ‚falsches Loch‘?“

Zwei Männer spielen Golf im strömenden Regen. Endlich kommen sie am letzten Loch an, sie sind bis auf die Haut durchnäßt. Sagt der eine: „Bei diesem Wetter wollte mich meine Frau einkaufen schicken!“

Spielen in der Antarktis zwei Pinguine auf einer Eisscholle Golf. Eben haben sie ihre roten Bälle eingeputtet, da sagt der eine Pinguin zum anderen: „Hast du schon gehört, anderswo spielen sie mit weißen Bällen?“ Der schüttelt ungläubig den Kopf: „Ich kann mir nicht vorstellen, wie das gehen soll.“

Jack Lemmon: „Wenn du meinst, es ist schwierig, Bekanntschaften zu machen, dann versuche einmal, auf einem Golfplatz den falschen Ball aufzuheben.“

Aufregung im Klubvorstand. Eine Golferin berichtet, was ihr am vergangenen Sonntag zugestoßen ist. „Ich gehe mit meiner Tochter auf die Runde. Als mein Kind einen Ball in den Wald schlägt, sehen wir bei der Ballsuche ein Stück entfernt zwischen den Bäumen ein Liebespaar in heftiger Umarmung. Wir mußten die Suche aufgeben, damit ich meiner Tochter diesen Anblick erspare.“ – „Mein Gott, wie peinlich“, klagt die Klubpräsidentin, „was können wir tun?“ Da meldet sich der Head-Pro zu Wort: „Pflanzen wir noch einige Bäume!“

„What to do when there's lightning on a golf course?“ – „Hold up a one-iron.“ – „Why?“ – „Even God can't hit a one-iron!“

Ein Chinese hat seine Geschäftspartner in Kalifornien besucht, und ihnen zuliebe hat er sie auf einer Runde Golf begleitet. Wieder zu Hause in Peking fragt ihn seine Frau, was er in Amerika erlebt hat. „Ich sah mir eine seltsame Sportart an. Sie schlagen mit Stöcken nach kleinen weißen Bällen." – „Interessant! Wie heißt dieser Sport?" fragt seine Frau. „Keine Ahnung. Ich weiß nur, daß sie in zwei Gruppen spielen: Die einen sagen ‚Scheiße!', die anderen ‚Warum nicht gleich?' "

Ein deutscher Golfer versucht sich auf der amerikanischen Nike-Tour für die PGA-Tour zu qualifizieren. Nach sechs Monaten Abwesenheit kehrt er zu seiner Frau zurück, und will sogleich das im Ehebett Versäumte nachholen. Spät in der Nacht, als die beiden bereits schlafen, klopft es an der Tür. Der Mann fährt erschrocken in die Höhe: „Das muß dein Ehemann sein!" – „Nein, nicht möglich", beruhigt ihn die Frau schlaftrunken, „er ist in Amerika Golf spielen."

John Updike: „Wie sehr Golfspieler Kindern ähneln, zeigt sich daran, daß sie häufig nicht weiter als bis fünf zählen können."

Karl und Dieter stehen am ersten Abschlag, Dieter schaut immer wieder nach vorne und nach hinten, wirft abgerissene Grashalme in die Luft, um die Windrichtung festzustellen, und überlegt lange, wo er aufteen soll. Da wird Karl ungeduldig: „Warum machst du so herum, schlag endlich diesen gottverdammten Ball!“ – „Mein Frau ist heute mitgekommen“, sagt Dieter, „sie schaut mir vom Klubhaus aus zu, und ich möchte, daß mein Schlag gut gelingt.“ – „Du lieber Himmel“, sagt Karl, „du kannst dir nicht die geringsten Hoffnungen machen, sie auf diese Distanz zu treffen.“

Einen Tag nach seinem Masters-Sieg will Tiger Woods in einem exklusiven amerikanischen Golfklub spielen. Beim Eingang hält ihn ein Wachposten an und sagt: „Tut mir leid, hier haben nur Weiße Zutritt. Aber wenn Sie ganz in der Nähe Golf spielen möchten, kann ich Ihnen einen öffentlichen Golfplatz empfehlen – nicht einmal einen Driver-Schlag von hier entfernt.“ Tiger zeigt seinen PGA-Ausweis vor: „Aber ich bin Tiger Woods!“ Der Wachposten zerknirscht: „Es tut mir furchtbar leid, Mister Woods. Ich habe Sie nicht erkannt. In diesem Fall ist der Platz ein lockeres Eisen 5 von hier entfernt.“

Alfred spielt mit einem Priester, deshalb versucht er seine Zunge im Zaum zu halten. Als er am zwölften Loch zweimal daran scheitert, den Ball aus dem Bunker zu schlagen, verliert er aber die Beherrschung, und ein Schwall von Flüchen dringt aus seinem Mund. Da sagt der Priester mit sanfter Stimme: „Mein Sohn, ich habe beobachtet, daß ausgezeichnete Spieler niemals fluchen." Alfred: „Klar, warum zum Teufel sollen die auch fluchen?"

Präsident Bill Clinton ist mit der AIR FORCE ONE am Luftwaffenstützpunkt Andrews gelandet. Er betritt die Rolltreppe, in der linken Hand einen Satz Hölzer, in der rechten einen Satz Eisen. Der Protokollchef begrüßt ihn an der Rolltreppe und begleitet ihn zu seiner Limousine. Am Weg dorthin fragt er: „What are those for, Mr. President?" – „I got these sets for Hillary", sagt Bill Clinton. Da meint der Protokollchef: „Great trade, Mr. President."

Ein Mann, dessen Frau vor kurzem verstorben ist, wird zum Gerichtsmediziner zitiert. „Ich stand am Herrenabschlag“, berichtet der Witwer, „meine Frau rund zehn Meter vor mir am Rand des Damenabschlags. Ich schlug den Ball mit dem Driver und traf meine Frau am Kopf. Sie fiel um wie ein Stück Holz. Keine Ahnung, wo der Ball geblieben ist.“ – „Wir haben ihn bei der Obduktion gefunden“, sagt der Gerichtsmediziner, „es war ein TOP-FLITE. Außerdem fanden wir noch einen MAXFLI, und zwar im Rektum der Frau.“ – „Oh“, sagt der Mann, „das war mein provisorischer Ball.“

Man sagt, Golf ist ein Sport der Reichen – warum gibt es dann so viele armselige Spieler?

Vier Männer warten am Herrenabschlag, während vier Golferinnen das Spiel beginnen. Es dauert lange, bis die letzte den Ball in die Luft befördert hat, doch dieser fliegt nur einige Meter. Sie geht zu ihrem Ball, schlägt wieder in den Boden, und der Ball fliegt wieder nur einige Meter. Entschuldigend sagt sie zu den wartenden Männern hinter ihr: „I guess all those fucking lessons I took this winter didn’t help.“

Einer der Männer antwortet:
„No, you see there is your problem. You should have been taking golf lessons instead."

„Ich weiß nicht, der neue Pro ist mir nicht ganz geheuer", sagt Helmut. „Warum glaubst du das?" fragt Albrecht. „Er hat versucht, meinen Stand zu korrigieren." – „So?", sagt Albrecht. „Das ist nicht ungewöhnlich. Er will nur dein Spiel verbessern." – „Ja, das weiß ich", sagt Helmut, „aber ich stand in der Toilette!"

Ein Mann trifft seinen Freund im Klubhaus, um mit ihm eine Runde Golf zu spielen. Der Mann hat einen kleinen Hund mit. Als der Mann am ersten Grün einen Fünf-Meter-Putt einlocht, stellt sich der Hund auf die Hinterbeine und gibt ein freudiges Bellen von sich. Der Freund ist begeistert. „Dein Hund ist eine Sensation. Aber was macht er, wenn du einen Putt verfehlst?" – „Dann schlägt er Purzelbäume." – „Unglaublich! Wieviele?" – „Das hängt davon ab, wie stark ich ihm in den Arsch trete."

Caddy-Master: „Welches Handicap haben Sie?"
Sammy Davis jr.: „Ich habe ein Glasauge, bin Neger und Jude – reicht das nicht?"

Erich hat Hals über Kopf Carmen geheiratet, eine wunderschöne Spanierin. Die Hochzeitsnacht verbringen sie in einem luxuriösen Hotel in Marbella. „Ich muß dir etwas gestehen", sagt Carmen, ehe sie ins Bett gehen. „Bevor wir uns kennenlernten, hatte ich mit einem anderen Mann Sex." – „Das macht nichts", sagt Erich. „Wer war es denn?" – „Der berühmte Golfer Severiano Ballesteros", sagt Carmen. Sie gehen ins Bett, und es klappt recht gut. Danach springt Erich aus dem Bett und beginnt, seine Unterhose anzuziehen. „Was machst du denn da?" fragt Carmen. – „Ich dachte, ich ziehe mich an und mache Kaffee." – „Seve hätte so etwas nicht getan." – „Was hätte er getan?" – „Seve wäre wieder ins Bett gekommen." – „Okay", sagt Erich. Es klappt ein zweites Mal, und schon etwas schlapp steigt Erich aus dem Bett und beginnt seine Unterhose anzuziehen. „Was machst du denn da?" fragt sie. – „Ich dachte, ich ziehe mich an und mache Kaffee." – „Seve hätte so etwas nicht getan." – „Was hätte er getan?" – „Er wäre wieder ins Bett gekommen." – „Okay", sagt Erich.

Nach einiger Zeit klappt es ein drittes Mal. Noch halb im Liegen stützt sich Erich am Nachtkästchen ab und versucht, einen Fuß in die Unterhose zu bekommen. Wieder beharrt sie: „Seve hätte so etwas nicht getan.“ Da springt Erich auf und läuft zum Telefon. „Wen rufst du denn an, Liebling?“ fragt Carmen. „Diesen Ballesteros ... ihn fragen, ob das ein Par 4 oder ein Par 5 ist.“

Eine Frau kommt vom Golfplatz glückstrahlend nach Hause. „Was ist los?“ fragt der Mann. – „Liebling, stell dir vor, der Pro hat zu mir gesagt: Du hast Beine wie eine Zwanzigjährige!“ Er brummt Unverständliches. „Dann hat er zu mir gesagt: Du hast eine Brust wie eine Dreißigjährige.“ – „Und über deinen vierzigjährigen Arsch habt ihr nicht geredet?“ – „Nein Liebling, kein Wort über dich!“

Ein Mann kommt nach einer katastrophalen Runde ins Klubhaus, geht in den Waschraum und schneidet sich mit einer Rasierklinge an beiden Händen die Pulsadern auf. Das Blut fließt in Strömen. Da kommt sein langjähriger Golfpartner vorbei und fragt:
„Spielen wir morgen?"
Der Mann preßt blitzartig die Schnittwunden zusammen, um die Blutungen zu stillen, und sagt:
„Okay, um welche Zeit?"

Zahnarzt: „Oh nein, Frau Moser, tut mir leid. Versuchen Sie's in der Zahnklinik oben in der Hauptstraße. Ich kann Sie unmöglich einschieben, glauben Sie mir, ich habe heute nachmittag noch achtzehn Löcher zu füllen." Zahnarzthelferin: „Herr Doktor, vergessen Sie aber nicht, den neuen Putter mitzunehmen?!"

Papis kleiner Liebling durfte erstmals mit auf den Platz. Begeistert erzählte er nach der Runde jedem, der ihm begegnete: „Mein Papi ist der allerbeste Golfspieler der Welt. Er kann stundenlang golfen, und fast nie fällt ihm ein Ball in eines dieser tückischen kleinen Löcher."

Die beiden Golfer stehen auf dem Grün, als sie einen Leichenzug auf der Straße vorüberziehen sehen. Einer der beiden hält inne, nimmt seine Kappe ab und verneigt sich. Danach sagt der andere: „Das war aber eine noble Geste von dir.“ – „Ja“, murmelt der erste, „wir waren immerhin 25 Jahre verheiratet.“

„Hat der Herr, den Sie eben bedienten, etwas gekauft?“ will der Chef des Pro-Shops wissen. „Natürlich“, sagt sie, „die teuren Golfschuhe aus echtem Leder.“ – „Hat er sie auch bezahlt?“ – „Nein, er wird das Geld morgen vorbeibringen, wenn er bei uns eine Runde spielt“, antwortet die Verkäuferin. „Ja, sind Sie denn verrückt? Der Mann wird auf allen Plätzen der Welt mit unseren Schuhen spielen und niemals wiederkommen!“ – „Das glaube ich nicht. Ich habe ihm zwei linke Schuhe eingepackt.“

Zwei Golferinnen begegnen einander im Klubhaus. „Warum machst du so ein langes Gesicht?“ – „Mein Mann sagte, ich müsse zwischen ihm und Golf wählen.“ – „Das tut mir aber leid.“ – „Mir auch – ich werde ihn sicher vermissen.“

Das richtige Handicap für
einen Businessman-Golfer ist 20.
Ist es niedriger, vernachlässigt er seinen Job,
ist es höher, vernachlässigt er Golf.

Eine junge Golferin nervt den Greenkeeper mit allerlei Fragen. „Und was tun Sie gegen Raupen auf dem Grün?" fragt sie schließlich. „Die sammle ich alle ein", erwidert er grimmig, „gehe aufs benachbarte Fairway, drehe sie sechsmal im Kreis, damit sie schwindelig werden, und dann finden sie nicht mehr auf ihr Grün zurück."

Ein kanadischer Multimilliardär nimmt jede Woche auf seinem eigenen Golfplatz am Klubturnier teil, um sein Handicap zu verbessern. Woche für Woche scheitert er. Doch jetzt sieht man ihn strahlend mit den Klubmitgliedern plaudern. „Frank, wie hast du gespielt", fragt ihn ein Freund kurz vor der Preisverteilung. „Look", sagt Frank, „ich habe mit meinem Zähler eine Wette um 1000 Dollar gemacht. Ich habe gewettet, daß es mir nicht gelingt, um vier Punkte besser zu werden." – „Und?" fragt der Freund. – „Er hat die Wette gewonnen."

Why do golfers wear two pairs of trousers?
In case they get a hole in one.

Ein neuer Golfplatz soll gebaut werden. Der Ingenieur verhandelt mit dem Moosbach-Bauern: „Ich muß Ihnen leider mitteilen, daß ein Fairway des neuen Golfplatzes genau durch Ihr Haus führt. Natürlich werden Sie gebührlich entschädigt.“ Da meint der Bauer trocken: „Über das Geld können wir später reden, aber glauben Sie ja nicht, daß ich jedesmal die Tür aufmache, wenn so ein Golfer daherkommt.“

Ein Golfer hat am Bag ein Hufeisen befestigt. „Glauben Sie etwa daran?“ fragt ihn sein Partner. „Nein, aber ich bin überzeugt, daß es auch Glück bringt, wenn man nicht daran glaubt.“

Sam Snead zu einem Schüler: „Sie haben nur ein Problem: Sie stehen zu nahe am Ball, nachdem Sie ihn geschlagen haben.“

„Im Laufe des Nachmittags werden starke Niederschläge kommen“, prophezeiht der Meteorologe.
„Woraus schließen Sie das“, fragt sein Kollege, „auf den Satellitenfotos ist nichts zu sehen.“
„Ich habe den Schirm vergessen, das Auto gewaschen, und um 13 Uhr ist mein Abschlag am Golfplatz.”

Pater Billy Graham: „Ich bete niemals auf dem Golfplatz. Der Herr erhört meine Gebete nämlich überall, nur nicht dort.“

Konrad sitzt im Klubhaus und denkt an seine neue Geliebte. Ganz geistesabwesend murmelt er vor sich hin: „Es lohnt sich nicht. Meist ist es nicht so, wie man es sich erhofft hat. Teuer obendrein. Und die Ehefrau dreht durch.“ Sein Freund hat vom Nebentisch zugehört. „Hör doch auf, Konrad. Das hättest du doch wissen müssen, als du dich auf Golf eingelassen hast.“

Ein in die Jahre gekommener Golfer schlägt den Ball gleich auf dem ersten Loch ins seitliche Wasserhindernis. Als er an die Stelle kommt, sieht er, daß der Ball zwei Meter vom Wasser entfernt am Fairway liegt. Neben dem Ball sitzt ein Frosch und sagt: „Mein Herr, ich habe Ihnen den Ball hierher gelegt, nehmen Sie jetzt ein Eisen 5." Der Mann schlägt mit dem Eisen 5 direkt aufs Grün, der Ball rollt ins Loch – Eagle. Auch am nächsten Loch und am übernächsten und auf allen weiteren holt der Frosch die Bälle aus dem Wasser, aus dem Rough, aus dem Bunker und gibt Tips für die Schlägerwahl. Auf dem letzten Grün hüpft der Frosch dem Mann plötzlich auf die Schulter und sagt: „Mein Herr, ich bin in Wirklichkeit eine wunderschöne Prinzessin, aber eine böse Hexe hat mich verzaubert und in einen häßlichen Frosch verwandelt. Wenn Sie mich küssen, dann verwandeln Sie mich wieder in eine Prinzessin." Der Mann nimmt den Frosch von seiner Schulter, steckt ihn in seine Windjacke und geht ans Putten. „Mein Herr", macht sich der Frosch bemerkbar. „Wollen Sie mich denn nicht küssen?" Der Mann puttet seelenruhig und antwortet erst, als der Ball ins Loch fällt: „Nein, in meinem Alter ist mir ein sprechender Frosch lieber."

Ein Golfer hat sich einen neuen Satz von GREAT BIG BERTHA-Hölzern im Pro-Shop gekauft. Er geht auf die Runde und anschließend fragt ihn der Head-Pro: „Na, wie ist es Ihnen mit den neuen Hölzern ergangen?“ – „Ausgezeichnet“, sagt der Mann, „ich kann sie um zwei Meter weiter werfen als meine alten Hölzer.“

„Ich würde ja auch so gerne Golf spielen“, sagt der Tausendfüßler, „aber bis ich beim ersten Abschlag angelangt bin, ist die Saison vorbei.“

Moishe ist schon wieder im Bunker gelandet, und sein Versuch, den Ball aufs Grün zu schlagen, ist kläglich gescheitert. Der Ball liegt noch immer im Bunker, jetzt allerdings ganz nahe der Bunkerkante. Da sendet er ein Stoßgebet gegen Himmel: „Allmächtiger! Du erbarmst dich für ganz fremde Leut’, warum nicht auch für mich?“

Der Mann, der Golf erfunden hat und behauptet, das sei ein Spaß, ist derselbe, der den Dudelsack erfunden hat und behauptet, es sei Musik.

Der Präsident des Golfklubs versammelt nach dem Zählwettspiel mit dem benachbarten Golfklub seine Mannschaft und hält eine kurze Rede: „Zu einem Sieg hat es nicht gereicht, aber wir freuen uns, daß wenigstens niemand in den Wasserhindernissen ertrunken ist."

Ein Priester, ein Arzt und ein Ingenieur warten am Abschlag, weil die Golfer vor ihnen besonders langsam spielen. „Was sind das für Leute, wir stehen da schon eine halbe Stunde und können nicht abschlagen", sagt der Ingenieur. Der Arzt: „Ich kann mich nicht erinnern, so viele Ungeschicklichkeiten auf einmal gesehen zu haben." Der Priester: „Gott geb's, daß sie uns durchspielen lassen." Da kommt der Marshal vorbei, und die drei fragen: „Was ist denn mit diesen Spielern vor uns los? Die sind ja furchtbar langsam und ungeschickt!" Der Marshal: „Das ist eine Gruppe blinder Feuerwehrmänner. Die verloren das Augenlicht, als sie vor einem Jahr ein Feuer in unserem Klubhaus löschten. Seither dürfen Sie bei uns gratis spielen." Stille. Der Priester: „Das ist eine traurige Geschichte. Ich werde sie in mein Abendgebet einschließen." Der Arzt: „Ich werde meinen Freund, einen Spezialisten für Augenheilkunde, fragen, ob es nicht doch eine Chance auf Heilung gibt." Der Ingenieur: „Und warum können diese Kerle eigentlich nicht nachts spielen?!"

„One under par is a birdie, one over par is a bogey, but do you know the ‚Lewinsky'?"

„?"

„This is when the shot lands three feet from the hole."

Zwei Männer spielen Golf, da landet der eine Ball an einer unwirtlichen Stelle des Platzes. Der Besitzer des Balles fragt: „Darf ich straffrei droppen? Ich kann von hier nicht spielen!" – „Nein, es tut mir leid, Sie müssen den Ball spielen, wie er liegt!" – „Aber ich mache meinen Schläger kaputt. Hier sind überall Steine und jede Menge Kies." – „Ich weiß, das ist hart für Sie, aber die Regeln erlauben keine Erleichterung." Der Spieler findet sich damit ab und macht einen Probeschwung – Steine fliegen funkensprühend in alle Richtungen. Der zweite Probeschwung – wieder dasselbe. Schließlich spricht er den Ball an und schlägt – wieder Steine und Funken. Doch der Ball ist auf der richtigen Flugbahn, landet tatsächlich am Grün und rollt knapp vor der Fahne aus. „Ein großartiger Schlag! Welches Eisen haben Sie verwendet?" – „Ihr Eisen 5 ..."

Ein cholerischer Golfer wirft seinen Schläger in den Wald, weil der Pitch aufs Grün mißlungen ist. Da sagt sein Partner: „Du wirst ihn vielleicht nicht finden. Wirf sicherheitshalber einen provisorischen nach."

Ein Golfer schlägt auf einem langen Par 3 ein Hole-in-one. Als er den Ball stolz aus dem Loch nimmt, steigt eine kleine Rauchwolke auf und ein Troll erscheint: „Ich bin der Troll vom Loch 3, und du hast drei Wünsche für deine Frau frei. Jeder deiner Wünsche wird verdoppelt." Der Golfer wünscht sich zehn Millionen Dollar. „Dein Wunsch ist erfüllt. Deine Frau besitzt 20 Millionen Dollar. Der nächste Wunsch?" – „Ein Rolls Royce." – „Dein Wunsch ist erfüllt. Deine Frau besitzt zwei funkelnagelneue Rolls Royce. Der nächste Wunsch?" Der Golfer denkt lange nach, dann sagt er: „Jetzt möchte ich, daß du mich halb tot schlägst."

Was ist der schlimmste Satz,
der auf einer Runde Golf fallen kann?
„Sie sind noch dran!"

Rudolf, ein leidenschaftlicher Golfer, klopft an die Himmelspforte, wo er von Petrus empfangen wird. „Was möchtest du bei uns machen?“ fragt Petrus. „Ich würde gerne Golf spielen.“ – „Gut, dann fangen wir gleich an.“ Auf Loch 1 schlägt Rudolf den Ball vom Abschlag 250 Meter weit, der Pitch auf das Grün rollt fast bis zur Fahne, und er puttet traumwandlerisch zum Birdie ein. Auf Loch 2 spielt er ein Par, am dritten wieder ein Birdie. „Wie oft darf ich hier spielen?“ fragt Rudolf. „So oft du willst. Du mußt keine Pause machen, um etwas zu essen oder zu trinken, und es gibt so viele Golfplätze, daß du es nicht schaffen wirst, auf allen zu spielen.“ Rudolf setzt sich hin und beginnt zu weinen. „Was ist los?“ fragt Petrus. „Schau“, sagt Rudolf, „auf der Erde hat meine Frau rührend für mich gesorgt. Ich durfte nicht rauchen und nicht trinken, penibel hat sie sich um meine Diät gekümmert. Ohne sie wäre ich zehn Jahre früher hierher gekommen.“

Zwei Golfer sitzen im Klubhaus und philosophieren über ihr Spiel. Sagt der eine: „Diese Saison hab' ich so schlecht gespielt, daß ich sogar den Griff meiner Ballangel erneuern mußte.“

Willi, ein alter Hacker, verbringt einen Tag in einem luxuriösen Country Club. Ein Caddy begleitet ihn auf der Runde. Willi spielt wie immer miserabel. Auf Loch 18 ist er so deprimiert, daß er sich in das Wasserhindernis stürzen will. „Tun Sie das nicht", sagt der Caddy, „ich wette, Sie können nicht lang genug den Kopf unten lassen."

In einer Nervenheilanstalt sieht der diensthabende Arzt drei Irre mit Besen herumhantieren, während ein vierter lachend dabeisteht. Der Arzt fragt diesen, was da vor sich gehe, und bekommt zur Antwort: „Ich habe einen kleinen Kreidekreis am Boden gezogen und demjenigen meinen Nachtisch versprochen, der als erster einputtet."

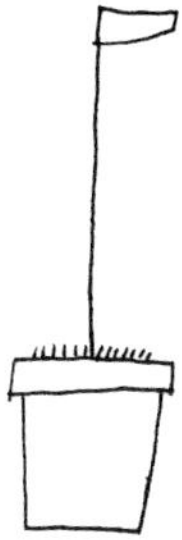

Jack Lemmon: „Ich würde eher den Hamlet ohne Probe spielen, als Golf im Fernsehen."

Im Umkleideraum eines Golfklubs ziehen sich zwei Männer aus. Als der eine schon nackt dasteht, muß sich der andere noch aus seinem Hüftgürtel befreien. „Seit wann trägst du denn so was?“ will der andere wissen. „Seit meine Frau das Ding im Handschuhfach unseres Autos gefunden hat.“

Was ist der leichteste Golfschlag?
Der vierte Putt – hoffentlich!

„Mein Rabbi, ist es eine Sünde, am Sabbat Golf zu spielen?“
„Mein Sohn, so wie du spielst, ist es jeden Tag eine.“

Schlechte Schläge kommen immer dreimal hintereinander. Das heißt: Folgt dann noch ein schlechter Schlag, ist er der Beginn der nächsten Dreier-Serie.

Das Ehepaar befindet sich auf dem neunten Grün, als der Mann nach einem verschobenen Putt mit einem Herzanfall zusammenbricht und flüstert: „Bitte, hole Hilfe!“ Die Frau läuft davon, kommt bald danach wieder und spielt ihren Putt. „Du spielst in aller Ruhe, wo ist der Arzt?“ ächzt der Mann. „Mach dir keine Sorgen, ich habe zufällig einen Arzt am zweiten Abschlag getroffen und die Spieler vor ihm gebeten, ihn durchspielen zu lassen.“

„Und jetzt schön weit aufmachen“, murmelte der Zahnarzt, als sein Golfball auf das Loch zurollte.

Golfer im Pro-Shop: „Haben Sie grüne Bälle?“ Der Pro sieht in den Regalen nach, blättert in den Katalogen, telefoniert mit einigen Lieferanten und muß dann zugeben: „Leider nein.“ Verärgt geht der Golfer zur Tür, da ruft ihm der Pro nach: „Wieso eigentlich gerade grüne Bälle?“ – „Ist doch klar: Weil man sie im Sand leichter findet.“

Eine Anfängerin steht mit dem Pro auf der Driving Range. Kein Schlag gelingt ihr. Verzweifelt sagt der Pro: „Ihr Stand ist nicht gut, Ihr Kopf ist ständig in Bewegung, die Arme schwingen irgendwo hin, aber am ärgsten ist Ihr Griff." Zerknirscht fleht die Frau: „Aber wie soll ich den Griff besser machen?" – „Nehmen Sie den Schläger ebenso, wie Sie das Ding Ihres Mannes nehmen. Und wenn das Gefühl stimmt, schwingen Sie!" Die Frau folgt den Anweisungen des Pros, der Ball fliegt 200 Meter weit. „Sehr gut", lobt der Pro, „aber jetzt nehmen Sie den Schläger aus dem Mund."

Walter macht Golfurlaub in der Karibik. In dem Klub, den er gleich am ersten Tag aufsucht, erhält er einen Caddy, der um die Schulter ein Gewehr hängen hat. Walter läßt sich davon nicht verunsichern, er schlägt ab, doch der Ball fliegt ins Rough. Als er an die Stelle kommt, wo der Ball gelandet ist, schnappt ein Alligator nach dem Golfer. Da knallt ein Schuß – der Caddy hat den Alligator getötet. Am zweiten Loch das Gleiche. Abschlag – Rough – ein Alligator – ein Schuß. Nun ist Walter beruhigt, als auch der dritte Abschlag mißlingt und der Ball in die Nähe eines Alligators rollt. Walter sieht den Caddy erwartungsvoll an, dieser macht jedoch keine Anstalten, das Gewehr anzulegen.

„Was ist los?!“ fragt Walter. Darauf der Caddy:
„Sorry, no extra shots on a par 3!“

Als Abschiedsgeschenk hat der in den Ruhestand getretene Vorstandsdirektor von seinen Mitarbeitern ein Golfset erhalten. Gewohnt, die Dinge schnell zu erledigen, läßt er sich schon tags darauf von einem Pro erklären, wie man Golf spielt. Nach zehn Minuten verlangt er: „Gehen wir zum ersten Abschlag.“ Er schlägt einen schnurgeraden Drive, der Ball rollt bis aufs Grün und bleibt 20 Zentimeter vor dem Loch liegen. „Und was jetzt?“ fragt er den sprachlosen Pro. „Na ja, ... nun ... den Ball ins Loch spielen.“ Da herrscht ihn der Mann an: „Und das hätten Sie mir nicht vorher sagen können?!“

Eine feuchtfröhliche Gesellschaft älterer Herren erscheint gerade im Klubhaus, als einige flotte junge Golferinnen gehen wollen. „Hallo, schönes Fräulein“, versucht einer der Kavaliere anzubändeln, „wohin geht's denn so eilig?“ – „Nach Hause – unseren Omas Bescheid sagen, daß jetzt was Passendes im Klubhaus ist.“

Ein Golfer spielt im Turnier um den Sieg. Auf dem 15. Grün hat er einen Ein-Meter-Putt zum Birdie. „Ich gebe alles dafür, diesen Putt einzulochen“, sagt er zu sich. Da tritt ein fremder Mann neben ihn und flüstert ihm ins Ohr: „Wenn du ein Viertel deines Sex-Lebens aufgibst, schaffst du es.“ – „Gut“, sagt der Golfer und locht ein. Dasselbe geschieht auf den nächsten beiden Löchern. Auf dem letzten Grün hat er eine Eagle-Chance zum Gewinn. Da steht wieder der Fremde neben ihm. „Wenn du auch das letzte Viertel hergibst, gewinnst du.“ – „Das mache ich“, sagt der Golfer und versenkt den Eagle. Da sagt der Fremde: „Mein Freund, du wirst also nie mehr Sex haben, und ich gestehe dir jetzt: Ich bin der Teufel.“ Darauf der Golfer: „Sehr erfreut, ich bin Bischof O'Malley.“

Ein Jude, ein Katholik und ein Mormone stehen an der Bar. Sagt der Jude: „Ich habe vier Söhne, noch einer mehr, und ich hätte ein Basketball-Team." Antwortet der Katholik: „Na und? Ich habe zehn Söhne, einer fehlt mir noch für eine Fußball-Mannschaft." Meldet sich der Mormone zu Wort: „Da hab' ich's am besten: Ich habe 17 Frauen. Noch eine dazu, und ich habe meinen eigenen Golfplatz."

„Sofort erzählst du mir, von wem du diese entsetzlichen Worte gelernt hast", fragt die Großmutter. „Von meinen Eltern", antwortet der kleine Franzi, „am Golfplatz."

Ein Engländer und ein Deutscher sitzen im Klubhaus und erzählen von ihren letzten Golfurlauben. „Ich war eine Woche in Südafrika", sagt der Engländer, „auf einem Golfplatz, der direkt neben dem Kruger-Nationalpark liegt. Ich spiele das neunte Loch fertig und gehe weiter zum nächsten Abschlag, da sehe ich eine riesige Schlange ..." – „Klingt aufregend", sagt der Deutsche, „und was machen Sie in so einer Situation?" – „Ganz einfach", antwortet der Engländer, „ich stelle mich an."

Wütend schlägt Nick Faldo eine Schnecke tot. „Warum tust du das?“ empört sich sein Caddy. Darauf Faldo: „Das aufdringliche Ding verfolgt mich schon den ganzen Tag.“

„Wer wird da eigentlich operiert?“ erkundigt sich die Oberschwester bei einem der Assistenzärzte. „Ein Mann, der vor einer Stunde einen Golfball verschluckt hat.“ – „Und wer ist das, der dort auf der Bank wartet?“ – „Das ist der Besitzer des Balles. Er wartet auf den Ball, um weiterspielen zu können.“

Franz Beckenbauer spielt erstmals am Old Course von St. Andrews. Während der vier Turniertage regnet es ohne Unterbrechung. Am Ende des vierten Tages fragt ihn ein schottischer Journalist: „Wie hat es Ihnen bei uns gefallen?“ – „Euer Land ist wirklich wunderbar“, sagt Beckenbauer, „nur sollte man es überdachen.“

Regelprüfung im Klubhaus. „Wieviele Schläger darf ein Spieler auf die Runde mitnehmen?“ fragt der Head-Pro. Der junge Mann blickt zu Boden und bleibt stumm. „Sie brauchen nicht nervös werden“, sagt der Head-Pro. „Angenommen Ihr bester Freund würde Ihnen diese Frage stellen – was würden Sie ihm antworten?“ Grinst der Mann: „Halt die Schnauze, du dämlicher Hund, was geht's dich an, wieviele Schläger ich in meinem verdammten Bag hab‘.“

„Das ist doch gar kein gemischter Vierer“, wundert sich ein Golfer, „das sind doch nur Männer!“ „Das schon, aber die einen können spielen und die anderen nicht!“

Auf dem neu eröffneten Golfplatz sind die Spielbahnen mit Namen versehen. „Warum heißt denn das Loch 4 WALDWEG?“ fragt im Klubhaus der Greenfee-Spieler ein Klubmitglied, „es gibt doch weit und breit keinen Wald?!“ – „Eben drum“, sagt das Klubmitglied, „weil der Wald weg ist!“

Zwiegespräch auf einem englischen Golfplatz im Nebel: „Können Sie mir sagen, wo sich der Fluß befindet, der hier die Spielbahn kreuzen soll?" – „Genau acht Schritte hinter mir." – „Sind Sie sicher?" – „Absolut! War dort gerade ein wenig schwimmen!"

Bill Clinton kommt nach Hause zurück. An der Tür wartet Hillary und ist wütend: „Wo warst du so lange?" – „Puh, heute ging's drunter und drüber. Ich habe mit Greg Norman Dutzende von Schlägen aus Wasserhindernissen, Bunkern und Wäldern gespielt!" – „Aha", sagt Hillary, „und weshalb hast du beim Golfen die Bluse einer Praktikantin an und trägst einen Damenstrumpf als Krawatte?!"

Zwei Freunde erinnern sich daran, wie sie ihre Frauen kennengelernt haben. Beginnt der eine: „Meine lernte ich im Zugabteil kennen. Sie hatte ihre Fahrkarte verlegt und wirkte in ihrer Ratlosigkeit bezaubernd. Es war Liebe auf den ersten Blick." – „Also so romantisch ging es bei uns nicht zu", sagt der zweite, „ich wollte mir gerade eine Zigarette anzünden, da kam sie auch schon von hinten und schlug mir eins über den Schädel. Ich fiel zu Boden, und sie stürzte sich auf mich." –

„Du liebe Zeit, ist die so gefährlich?“ – „So schlimm ist's auch wieder nicht“, sagt der andere, „das arme Ding kann nichts dafür, sie stand zum ersten Mal auf einer Driving Range.“

Der begeisterte Golfer klopft an die Himmelstür. Kaum hat Petrus geöffnet, fragt er ihn: „Wo geht's denn hier zum Golfplatz?“ – „Leider, mein Freund, das gibt's bei uns nicht.“ Da dreht sich der Golfer um und nimmt den Weg zur Hölle. Vor dem Eingang begrüßt ihn bereits der Teufel mit einem Stück Papier in der Hand: „Wenn du hier unterschreibst, kannst du eintreten. Wir haben den feinsten 18-Loch-Platz unterhalb von Augusta. Der Golfer sieht hinter dem Teufel eine herrliche Landschaft und ist begeistert. Wunderbare Fairways, prächtige Grüns, so schön wie er sie noch nie gesehen hat. Er unterschreibt, geht zum ersten Abschlag und bittet den Teufel: „Gib mir nun Schläger und Bälle, damit ich in alle Ewigkeit hier spielen kann.“ – „Leider, mein Freund, das gibt's bei uns nicht.“ – „Was soll das heißen? Wozu dann der wunderbare Golfplatz?“ – „Das, mein Freund, ist eben die Hölle.“

Mario besucht seine heimliche Freundin. Die Luft ist rein, ihr Mann ist nicht zu Hause. Während sie miteinander schmusen, klingelt das Telefon. Als sie wieder auflegt, fragt Mario: „Na, wer war's denn?" – „Mein Mann. Er hat gesagt, es könnte heute etwas später werden … er ist mit dir am Golfplatz."

Müller kommt zum Psychiater. „Herr Doktor, bin ich ein Mensch oder ein Tier?" – „Ein Mensch natürlich, wieso fragen Sie?" – „Jeden Tag nach der Arbeit hetze ich wie ein Hund zum Golfplatz, wenn der Ball im Bunker landet, komme ich mir vor wie ein Ochse, anschließend schufte ich bei Flutlicht auf der Driving Range wie ein Esel. Wenn ich dann spätabends nach Hause komme, fragt meine Frau: ‚Hast du wieder Überstunden gemacht, du Rindvieh?'"

Nach der Golferhochzeit im Klub
ist Abschlagzeit im Ehebett.
Er: „Laß uns aufteen!"
Sie: „Aber daß du mir nicht wieder auslippst!"

Robert spielt Golf mit seinem Onkel, der schwerhörig ist. Auf Loch 14 schlägt Robert ab. Er sieht, wie sein Ball mitten im Fairwaybunker landet und Sand aufspritzt. „Dieser verdammte Bunker“, schreit der junge Mann wild gestikulierend. Der Onkel hat alles beobachtet und sagt mit gütiger Stimme: „Mach dir keine Sorgen, mein lieber Neffe. Der Ball ist nicht im Bunker – so weit kannst du gar nicht schlagen.“ Robert, nun ganz außer Rand und Band, nimmt seine Scorekarte und schreibt in großen Blockbuchstaben: „Du bist nicht nur schwerhörig, sondern auch blind wie ein Maulwurf, mein lieber Onkel!!“ Der Onkel blickt nur kurz auf die Karte und sagt: „Ich werd's zu Hause lesen, ich sehe nämlich ohne Brille nicht gut.“

Rita kommt vom Golfurlaub aus Kanada zurück. Stolz erklärt sie ihrer Freundin: „Du kannst dir gar nicht vorstellen, wie ich umschwärmt wurde!“ Meint die Freundin spitz: „Ja, ja, wir hatten hier auch eine furchtbare Mückenplage.“

Das neue Klubmitglied nimmt erstmals Trainerstunden. „Wie lange spielen Sie schon Golf", fragt der Head-Pro. „Zwölf Jahre." – „Na, dann sehen wir uns Ihren Schwung einmal an." Schon nach drei Schlägen wird es dem Pro zu bunt: „Ich habe noch nie einen Spieler gesehen, der nach zwölf Jahren so schlecht trifft. Haben Sie denn keine Zeit zu üben? Was machen Sie denn beruflich?" – „Ich bin Schuhmacher." – „Mein Gott, wenn Sie die Schuhe genauso miserabel anfertigen, wie Sie schlagen, tut mir Ihre Kundschaft leid!" Worauf der Schuhmacher erwidert: „Durchaus nicht, schließlich schlage ich die Stifte ja nicht auf hundert Meter Entfernung ein."

„Du, Fritzchen, wollen wir mal Vatis Golfhandschuhe verstecken?" – „Au ja! Dann lernen wir wieder so tolle Wörter, die wir noch nicht kennen ..."

Thomas, ein leidenschaftlicher, aber miserabler Golfspieler, sitzt mit einem Freund im Klubhaus. „Sagtest du nicht neulich, du wolltest deiner Frau einen ordentlichen Vortrag über Sparsamkeit halten?" fragt der Freund. „Ist bereits geschehen", berichtet Thomas.

„Und der Erfolg?“ – „Ich spiele nun
mit gebrauchten Bällen.“

„Ich habe schon mit zehn Jahren Golf gespielt. Mein Pro hat mich damals mit Jack Nicklaus verglichen!“ – „Donnerwetter, das ist aber eine hohe Anerkennung!“ – „Na, ja, wie man's nimmt. Er meinte, ein Jack Nicklaus würde ich nie werden!“

Werner geht früh am Morgen im Golf & Country Club allein auf die Runde. Auf Loch 11 landet der Ball am Rand des Fairways in einer schwierigen Bergablage, das Grün liegt gute 30 Meter tiefer und ist von Wasser umgeben. Werner blickt zur Fahne und überlegt, welchen Schläger er wählen soll. Da steht plötzlich ein weißes Pferd neben ihm und wiehert: „Eisen 9, etwas nach links ausrichten!“ Dann galoppiert das Pferd davon.
Werner nimmt das Eisen 9, richtet sich etwas nach links aus und – der Ball geht direkt ins Loch.
Im Klubhaus angekommen, berichtet er von seinem Erlebnis. „Da haben Sie verdammtes Glück gehabt“, sagt ein älteres Klubmitglied. „Da läuft auch ein schwarzes Pferd herum – und das hat von Golf keine Ahnung.“

Ein mehr schlecht als recht spielender Golfer steht auf dem Golfplatz und verschießt den Golfball in das angrenzende Waldstück. Als er in den Wald geht und den Boden absucht, trifft er auf einen Waldtroll. Dieser hält seinen Golfball in der linken Hand und eine Flasche mit Zaubertrunk in der rechten. Sagt der Troll: „Du, wenn du der weltbeste Golfer werden willst, dann erlaube ich dir einen Schluck von diesem Zaubertrank zu nehmen. Dann lochst du jeden Ball ein." Erfreut ruft der Golfer: „Klasse, gib her!" – „Aber", sagt der Troll, „die Sache hat einen Haken. Der Trank führt dazu, daß es mit dem Sex nicht mehr so klappt." Dem Golfer ist es egal, und er nimmt einen großen Schluck aus der Flasche. Ein halbes Jahr später trifft der Troll den Golfer auf dem Golfplatz wieder und fragt ihn: „Na, wie hat es gewirkt?" – „Super", sagt der Golfer, „seither habe ich jedes Golfturnier gewonnen, jetzt werde ich Golf-Professional und spiele auf der PGA-Tour." Der Troll schaut fragend: „Und, wie sieht es mit dem Sex aus?" – „Ach", meint der Golfer, „dreimal im letzten Jahr." – „Siehst du", meint der Troll, „ich habe es dir ja gesagt. Aber du siehst trotzdem ganz zufrieden aus. Wieso?" – Meint der Golfer strahlend: „PGA-Pro und dreimal im Jahr Sex ist doch nicht schlecht für einen Pfarrer aus einer kleinen Gemeinde!"

„Waren Sie eigentlich schon einmal in Augusta?" – „Nein, in Augusta war ich noch nie."

„Dann müßten Sie eigentlich meine Schwester kennen." – „Warum?" – „Sie war auch noch nie in Augusta!"

Schimpft die Ehefrau: „Golf, Golf, Golf! Ich höre nichts anderes als Golf. Ich wette, du weißt nicht einmal mehr, wann unser Hochzeitstag war." – „Da bist du aber im Irrtum, meine Liebe. Das war, als ich in Sankt Eurach drei Birdies spielte."

Zwei Penner spielen Lochwettspiel. Nach dem letzten Putt am 18. Loch sagt der Verlierer: „Zugegeben, daß du gewonnen hast – aber mußtest du dich gestern so betrinken, daß du auf den ersten Neun kaum gerade stehen konntest?" – „Ich mußte", antwortete der Sieger. „Wenn ich weniger trinke, sehe ich den Ball doppelt, und dann treffe ich den richtigen nur in fünfzig von hundert Fällen. Trinke ich aber gründlich, so sehe ich drei Bälle." – „Und?" – „Dann schlage ich den in der Mitte."

Im Golf-Club läutet das Telefon: „Hier spricht Bernhard Langer", tönt es aus dem Apparat, „kann ich eine Abschlagzeit für Sonntagmittag reservieren?" – „Wie war doch gleich Ihr Name?" – „Bernhard Langer!" – „Hmm, der Name kommt mir irgendwie bekannt vor ..." – „Schon möglich. Bis vor kurzem hab' ich in dieser Gegend Brötchen ausgefahren."

Betti bekam von ihrem schottischen Freund ein Golfbuch geschenkt und schüttelt sich jetzt vor Lachen. „Was ist denn daran so lustig?" – „Na, die Schwungtips hier beginnen alle mit: Man leihe sich ..."

Ein junger Indianer sitzt am Fluß und angelt. Ein Mann, der Arbeitskräfte für die Industrie anwerben soll, setzt sich zu ihm und meint: „Du solltest nicht rumsitzen und angeln. Ich könnte dir Arbeit geben, damit du auch Geld verdienst." – „Warum sollte ich das?" fragt der Indianer. „Nun, dann könnstest du dir ein richtiges Haus bauen, ein Auto fahren und einen Fernseher kaufen." – „Hm, und dann?" – „Ja, und später, wenn du eine Rente bekommst, kannst du dich zur Ruhe setzen." – „Und dann?" – „Dann machst du dir ein schönes, ruhiges Leben, beginnst zum Beispiel Golf zu spielen ..."

Erstmals in seinem Leben spielt Wolfgang in Valderrama. Er wird, wie dort üblich, von einem Caddy begleitet. Als Wolfgangs erster Schlag wunderbar gelingt, ist der Caddy voll Anerkennung: „Das war einer der besten Schläge, die ich jemals gesehen habe. Ich bin gestern mit Colin Montgomerie über den Platz gegangen, und er hat seinen Ball an genau dieselbe Stelle gespielt wie Sie." Wolfgang kommt zu seinem Ball, nimmt ein Eisen 9 und schlägt den Ball zehn Zentimeter vor das Loch. Der Caddy ist begeistert: „Das war einer der besten Schläge, die ich jemals gesehen habe. Ich bin gestern mit Colin Montgomerie über den Platz gegangen, und er hat seinen Ball an genau dieselbe Stelle gespielt wie Sie." Als Wolfgang auch auf dem zweiten Loch ein großartiger Abschlag gelingt, wieder dieselbe Reaktion. Neuerlich liegt der Ball in Reichweite des Grüns. Wolfgang wendet sich an den Caddy: „Welches Eisen hat Colin Montgomerie hier genommen?" – „Ein Eisen 8." Wolfgang nimmt das Eisen 8, schlägt, doch der Ball bleibt fünf Meter vor dem Grün liegen. Wolfgang blickt den Caddy fragend an: „Und wo ist Montgomeries Ball liegen geblieben?" Der Caddy: „Fünf Meter vor dem Grün."

Ein Ehepaar spielt gegen ein anderes einen klassischen Vierer, die Ehepartner schlagen abwechselnd den Ball. Dem Mann gelingt auf dem Par 4 ein perfekter Abschlag, der Ball landet mitten am Fairway. Seine Frau hookt von dort den Ball in den Wald. Der Mann spielt aus dem Wald einen brillanten Recovery präzise aufs Grün. Die Frau verschiebt den Putt zwei Meter hinter das Loch. Der Mann puttet ein, nimmt den Ball aus dem Loch und murmelt verärgert: „Wir müssen besser spielen, das war nur ein Bogey!“ Darauf seine Frau: „Mir sagst du das?! Ich habe nur zwei Schläge gemacht, du hast drei gebraucht!“

Friedhelm ist 63 Jahre alt, aber er spielt noch jede Woche Golf. Nach einer Runde sagt er zu seiner gleichaltrigen Frau: „Heute lief es prima, nur meine Augen machen mir zu schaffen. Ich finde die Bälle nicht.“ – „Spiel doch mit meinem Bruder Joseph als Caddy“, rät ihm seine Frau, „der ist zwar 84 Jahre alt, hat aber Augen wie ein Adler.“
Am nächsten Tag stehen Friedhelm und Joseph am Golfplatz. Gleich am ersten Abschlag gelingt ihm ein guter Drive, der 150 oder 200 Meter weit geflogen sein muß. „Hast du ihn gesehen“, fragt Friedhelm. „Natürlich“, sagt Joseph. Die beiden gehen bis zu jener Stelle des Fairways, wo der Ball gelandet sein sollte,

finden ihn aber nicht. Da sagt Friedhelm: „Ich dachte, du hast gesehen, wo er gelandet ist?!" – „Natürlich", sagt Joseph, „aber ich hab's vergessen."

„Es ist schrecklich! In meinem Beruf weiß man nie, was der nächste Tag bringen wird." – „Was machen Sie denn beruflich?" – „Ich bin Meteorologe." – „Ich weiß auch nie, was der nächste Tag bringen wird." – „Sind Sie auch Meteorologe?" – „Nein, ich bin Profi-Golfer."

John Updike: „Nur ein geschenkter Putt ist ein todsicherer Putt."

Der Golf-Pro trifft am Platz eine junge Frau, die er vorher noch nie gesehen hat. Sie macht auf ihn einen verwirrten Eindruck, und deshalb fragt er sie, was los ist. Sie antwortet verstört: „Zum ersten Mal in meinem Leben spiele ich Golf, und mein Score ist 66!" Der Pro ist fassungslos. Nach einer kurzen Pause sagt er: „Das ist ein großartiger Score, darauf können Sie stolz sein!" Die Frau sieht ihn überrascht an und antwortet: „Vielleicht haben Sie recht, aber am nächsten Loch sollte es besser gehen."

Lee Trevino: „Du weißt erst dann, was Druck ist, wenn du um fünf Dollar pro Loch spielst und nur zwei in deiner Hosentasche hast.“

Nancy stöbert im Arbeitszimmer ihres Mannes und findet in einer Kommode eine kleine Kassette. Sie öffnet diese – und drinnen liegen drei Golfbälle und 250 Dollar. Als ihr Mann heimkommt, fragt sie ihn, was das bedeuten soll. Schließlich gibt er zu, daß er immer dann einen Golfball in die Kassette gelegt hat, wenn er ihr untreu war. Da gerät Nancy in Wut und beginnt, ihrem Mann wilde Vorwürfe zu machen. Doch schon nach wenigen Minuten hält sie inne und sieht ihn gefaßt an: „Eigentlich – 30 Jahre Ehe und nur drei Golfbälle – es war zwar nicht nett von dir, aber ich vergebe dir. Sag mir aber, was bedeuten die 250 Dollar in der Kassette?“
Ohne sie anzusehen antwortet er: „Na ja, immer wenn ich ein Dutzend Bälle beisammen hatte, habe ich sie um zehn Dollar verkauft.“

Ein Ehepaar, dessen Leidenschaft füreinander im Laufe der Jahre schon etwas nachgelassen hat, besucht seit Wochen einen Eheberater. Ohne Erfolg. Wieder sitzen sie

ihm in seinem Büro gegenüber, als er sich plötzlich auf die Frau stürzt und sie leidenschaftlich küßt. „Sehen Sie," sagt er zum Ehemann, „das ist es es, was Ihre Frau jeden Montag, Mittwoch, Samstag und Sonntag braucht."
„Hmm," erwidert der Mann, „ich kann sie gerne am Montag und am Mittwoch vorbeibringen, aber Samstag und Sonntag sind meine Golftage."

Präsident Clinton spielt eine Runde Golf mit seinen Freunden. Als er am ersten Abschlag seine Windjacke auszieht, sieht man, daß er auf dem linken Arm ein Damenhöschen trägt. Niemand im Flight traut sich, etwas zu sagen. Die vier spielen die 18 Löcher zu Ende, und anschließend nehmen sie am 19. Loch einen Drink. Als einer der Golfer genug Jack Daniels getrunken hat, traut er sich, die Frage zu stellen: „Mr. President! Was hat es mit dem Damenhöschen auf sich, das sie auf dem linken Arm tragen?" Clinton antwortet: „Das ist ein Pflaster – ich versuche, es mir abzugewöhnen."

What not to do when it begins to lightning
on a golf course: Hold up a one-iron and say, „Even God
can't hit this!“
God is tired of hearing that story!

Ein angesehener und vermögender englischer
Rechtsanwalt möchte sich seinen Lebenstraum erfüllen
und auf jenem Golfplatz spielen, der als der exklusivste
Englands gilt: in Sandringham. Der Klubsekretär
fragt ihn: „Sind Sie Mitglied?“ – „Nein.“ – „Gast eines
Mitglieds?“ – „Nein.“ – „Sorry, dann können Sie
bei uns nicht spielen.“
Als der Anwalt schweren Herzens zum Ausgang geht,
trifft er in der Lounge Lord Willoughby Parham, den er
von früher flüchtig kennt.
„Entschuldigen Sie, Eure Lordschaft, mein Name
ist Higginbotham von der Londoner Anwaltskanzlei
Higginbotham & Barclay. Darf ich Sie freundlichst
ersuchen, es mir als Ihrem Gast zu ermöglichen, auf
diesem wunderbaren Platz zu spielen?“
Lord Parham blickt den Anwalt eine Zeit lang
schweigend an und fragt dann:
„Religion?“ – „Anglikanische Kirche, Sir, wie meine
verstorbene Frau.“
„Schule?“ – „Eton, Sir, und Oxford mit Auszeichnung.“
„Sport?“ – „Rugby, Sir, Tennis, und Nummer 4

des Ruderteams, das Cambridge geschlagen hat."
„Militärdienst?" – „Brigadier, Sir, Coldstream Guards, Victoria Cross und Knights of the Garter."
„Einsätze?" – „Dünkirchen, El-Alamein und Normandie, Sir."
„Sprachen?" – „Privatlehrer in Französisch, fließend Deutsch, etwas Griechisch."
Da wendet sich Lord Parham kurz um und sagt zum Klubsekretär: „Neun Löcher!"

Zwei Iren spielen eine schweigsame Runde am neuen Perry Dye Kurs. Am Abschlag von Loch 17, dem berühmten Inselgrün, taucht eine Nixe aus dem Wasser auf und sagt: „Wer das Grün erreicht, dem gehöre ich!" Die beiden schauen sich an, und mit doppelter Anstrengung versuchen sie, das Grün zu erreichen. Einem der beiden gelingt es. Da taucht die Nixe auf und setzt sich auf sein Cart. Sie fahren zum Grün, er locht ein. Am Weg zum nächsten Abschlag nimmt der Golfer die Nixe vom Cart und wirft sie ins Wasser zurück. Die zwei Iren beenden die Runde, gehen ins Klubhaus und trinken ein Glas Bier. Sagt jener Ire, der das Grün verfehlt hat: „Why?" Es vergeht eine Viertelstunde, dann antwortet der andere: „How?"

Zwei Schotten spielen Golf auf ihrem heimatlichen Linkskurs. Plötzlich verzieht einer seinen Schlag ins Meer. Sagt der eine: „Den hol ich raus!" Der andere: „Kannst du überhaupt schwimmen?" – „Ja, vor drei Wochen hab' ich schwimmen gelernt!" Er geht ins Wasser und taucht, der andere wartet unterdessen am Ufer. Mittlerweile spielen drei Flights durch, der Schotte am Ufer ruft immer wieder: „Sensationell!" Kommt einer der nachfolgenden Golfer und fragt: „Was ist hier so sensationell?" – „Mein Partner hat erst vor drei Wochen schwimmen gelernt, und jetzt taucht er schon mehr als eine halbe Stunde nach seinem Ball!"

Der Teufel ruft die Dämonen zu sich: „Hört mal, ihr Taugenichtse. Das Gute macht an allen Fronten Fortschritte. Eure Aufgabe ist es, den Menschen das Leben zur Hölle zu machen. Aber was macht ihr? Ihr vertreibt euch die Zeit mit sinnlosen Spielereien." Ein ganz junger Dämon steht auf und sagt: „Großer Gott der Finsternis, ich weiß, was wir tun könnten: Wenn wir sie Hoffnung schöpfen lassen und dann anschließend demoralisieren, werden sie so am Boden liegen, daß wir wieder Macht über sie ausüben können." Ein erfahrener Dämon fragt: „Du denkst an Golf?" –

„Halt ein“, sagt der Teufel, „so schnell wollen wir sie nicht fertig machen.“

Die österreichischen Schauspieler und Kabarettisten Karl Farkas, Ernst Waldbrunn und Heinz Conrads treffen sich im Himmel. Da ihnen langweilig ist, beschließen sie, Golfen zu lernen. Sie gehen auf die Driving Range, und Bobby Jones nimmt sich ihrer an. In einem halben Jahr sind sie so weit, daß sie zum ersten Wettspiel antreten. Immer wieder schärft ihnen Bobby Jones ein: „Das schlimmste Vergehen hier ist, dem Partner in die Puttlinie zu steigen – also paßt ja auf!“
Das Wettspiel beginnt, es ist ein gemischter Vierer, wo immer eine Dame und ein Herr ein Paar bilden. Nach dem Wettspiel kommt Ernst Waldbrunn als letzter ins Klubhaus, sieht Heinz Conrads an der Bar, und auf seinem Schoß sitzt Golda Meir und küßt ihn.
Ernst Waldbrunn ist erschüttert: „Heinz, was ist mit dir los?“ Da sagt Heinz Conrads: „Ich bin ihr in die Puttlinie gestiegen.“ Ernst Waldbrunn denkt sich: „Das ist ja wirklich eine Höllenstrafe!“ Er geht um die Ecke, da sieht er Karl Farkas ebenfalls an der Bar, und auf seinem Schoß Marylin Monroe. Waldbrunn sagt zu Farkas: „Was hast denn du angestellt?“ Sagt Marylin Monroe: „Ich bin in seine Puttlinie gestiegen!“

Warum gibt es keinen großen Unterschied zwischen Golf und Sex?
Weil beides Spaß macht, auch wenn man's nicht gut kann.

Ein junges Ehepaar spielt, wie jeden Sonntag, miteinander Golf. Am dritten Loch mißglückt dem Mann der Abschlag, der Ball fliegt mit einem Slice direkt auf ein neben dem Golfplatz stehendes Haus und durchschlägt die Fensterscheibe. Das Ehepaar läuft sofort hin, um zu sehen, welchen Schaden der Ball angerichtet hat. Als sie durch das zerbrochene Fenster blicken, sehen sie einen jungen Mann mit Turban auf einem Sofa sitzen. Die Frau fragt: „Leben Sie hier?"
„Nein", antwortet der Mann, „jemand hat einen Ball durchs Fenster geschlagen, und die Flasche, deren Reste Sie hier auf dem Boden sehen, ist zerborsten. So bin ich befreit worden. Ich bin Ihnen so dankbar dafür!" „Das heißt ... Sie sind ein Geist?"
„Ja, ja, das bin ich. Und weil ich Ihnen so dankbar bin,

erfülle ich Ihnen zwei Wünsche, den dritten
behalte ich mir selbst vor."
Schnell formulieren die Eheleute ihre beiden
Wünsche: ein Handicap 0 für den Mann und jährlich
eine Million Einkommen für den Rest des Lebens.
„Gesagt, getan", erwidert der Mann mit dem Turban.
„Aber nun mein Wunsch: Ich will fortan
mit Ihrer Frau leben, Sie sind ja ohnedies Millionär
und haben Handicap 0."
Nach kurzer Beratung willigen die Eheleute ein.
Der junge Mann mit dem Turban schickt den Ehemann
fort und fragt die Frau: „Wie lange seid ihr
verheiratet?" – „Drei Jahre." – „Und wie alt ist dein
Mann?" – „31."
Da schüttelt der junge Mann den Kopf: „Und seit
wann glaubt er an diese Geistergeschichten?"

Bob Hope: „Wenn du Zuschauer bist, ist es ein Spaß,
wenn du spielst, ist es Entspannung,
wenn du daran arbeitest, ist es Golf."

Das Glück war ihm Zeit seines Lebens nicht hold gewesen. Alles, was Samuel Littleman anpackte, ging schief. Er liebte Poker, aber das Pokerspiel liebte nicht ihn. Er spekulierte an der Börse, aber wenn er Aktien kaufte, dann fielen die Kurse, wenn er welche verkaufte, stiegen sie. Die einzige Freude in seinem Leben war Golf.

Freilich war Sam kein großer Golfer, nie spielte er eine Runde unter 100 Schlägen, aber immer wieder ließ ihn ein gelungener Schlag Hoffnung schöpfen.

Schließlich wurde er krank und verschied.

Noch kurz vor seinem Tod hatte er in einem letzten Willen verfügt, daß seine Asche auf seinem Heimatplatz ausgestreut werden soll – am Fairway des 9. Lochs, das er so sehr liebte.

Die Trauergemeinde versammelte sich an einem herrlichen sonnigen Sommertag am Fairway des 9. Lochs. Als die Asche ausgestreut wurde, kam plötzlich ein Windstoß – und Sam lag Out-of-Bounds.

Walter Hagen: „Wenn du den Fairway des Lebens entlangspazierst, nimm dir immer genug Zeit, um den Duft der Rosen am Wegesrand zu genießen, denn du hast nur eine Runde.“

Witze als Therapie

Jeder, der Golf spielt, weiß, daß dieses Spiel sehr viel Ernsthaftigkeit und Beschäftigung mit sich selbst erfordert – ganz abgesehen natürlich von beharrlicher Übung und Ausdauer, um die Schlagtechnik zu erlernen und zu perfektionieren. Dennoch (oder gerade deswegen?) ist Golf die Sportart, die die meisten Witze hervorbringt. Und diese stammen naturgemäß vorwiegend aus jenen Ländern, die als die Heimatgebiete des Golfsports gelten: aus England, Schottland und den Vereinigten Staaten. Im deutschen Sprachraum kursierende Golfwitze sind zumeist Ableitungen angelsächsischer Originale, wie sich bei der Suche nach einschlägigem Material für dieses Buch ganz deutlich gezeigt hat.
Woran liegt es nun, daß sich das Thema Golf offensichtlich so besonders gut fürs Witzemachen eignet? Die Antwort dafür liegt wohl für jeden passionierten Golfer auf der Hand: Wen einmal der „Golf-Bazillus" gepackt hat, der erlebt dieses Spiel nicht nur als sportlich-spielerische Herausforderung, sondern auch in einer philosophisch-psychologischen Dimension, die immer wieder erkennen läßt, wieviel Lebensphilosophie in diesem Spiel mit den „ungeeigneten Werkzeugen" und dem „zu kleinen Ball" (wie es Winston Churchill formuliert hat) liegt.
Auf den Fairways und Grüns offenbart sich das Menschliche in seiner oft schonungslosesten Art, werden die Konflikte zwischen den Geschlechtern, den Eheleuten oder den geschäftlichen Rivalen in zumeist subtiler Weise ausgetragen, sind Prestigedenken, Neid, Freude und Ärger häufige

Begleiter und treten menschliche Schwächen in Form von Betrügereien oder cholerischen Wutausbrüchen offen zutage. Ganz zu schweigen vom bisweilen aussichtslos scheinenden Kampf gegen die eigene Unzulänglichkeit, der jeden Golfer vom ersten Schlag auf der Driving Range bis Platz 1 in der Weltrangliste begleitet. Es ist dieser ständige Wettstreit gegen die eigene Unregelmäßigkeit, der Golf einerseits so faszinierend macht, andererseits jedem Golfer ständig und meistens aus heiterem Himmel die Grenzen seiner Möglichkeiten aufzeigt. Dazu kommt, daß Golf ein Spiel ist, das bis ins hohe Alter mit durchaus befriedigendem Erfolg gespielt werden kann. Und daß Glück und Zufall immer wieder als spielentscheidende Elemente mitwirken, wie jeder im Laufe seines Golferlebens zur Kenntnis nehmen muß.

Im Golf und rund ums Golf gibt es überdies genügend Möglichkeiten, durchaus klassische, tabubrechende Witz-Elemente wie Sex oder Religiöses zu verwenden, nicht zuletzt auch die Namen berühmter Menschen, allen voran Politiker und herausragende Golfspieler. Das alles ergibt die Mixtur, die den Nährboden für Golf-Witze aller möglichen Genres darstellt.

Jeder gute Witz eröffnet eine im Realen unmögliche Gedankenverbindung, lehrt uns die Psychologie – und auch in dieser Hinsicht bietet das Golfspiel ein reiches Betätigungsfeld für Witzemacher. Wenn etwa der Golfer auf die Frage, wie es ihm mit den neuen Hölzern ergangen ist, antwortet: „Ausgezeichnet, ich kann sie um zwei Meter weiter werfen als meine alten Hölzer", dann ist es eben diese Überhöhung eines

im Spielstress immer wieder erlebten Verhaltens, die Tatsächliches zum Möglichen und damit Mögliches zum Witz werden läßt.
Weitaus schwieriger steht es in den deutschsprachigen Golf-Witzen um ein anderes effektives Stilmittel des Witzemachens: die Doppeldeutigkeit. Da, wie erwähnt, der Großteil der hierzulande verbreiteten Witze nicht deutschsprachigen Ursprungs ist und überdies die meisten Ausdrücke des Golfsports aus der englischen Sprache kommen, lassen sich manche Doppelsinn-Witze gar nicht aus dem Englischen übersetzen. Daher sind solche Witze, die ihre Pointe etwa aus der Doppeldeutigkeit des Wortes „ball“ (für „Golfball“ und „Hoden“) oder aus dem phonetischen Gleichklang der Worte „fore“ (dem golferischen Warnruf vor Gefahr) und „four“ (für die Ziffer „Vier“) beziehen, in diesem Buch entweder ganz oder in den entscheidenden Passagen im englischen Original wiedergegeben. Und mit dem Wort „hooker“ bezeichnet man nicht nur einen Spieler, dessen Schläge regelmäßig zum Hook geraten, bei dem also die Bälle in einer Linkskurve abdriften. Außerdem ist ein „hooker“ auch eine Nutte.

Manchmal lassen sich englischsprachige Ausdrücke zwar übersetzen, doch bleibt ihre angloamerikanische Herkunft offenkundig. Denken wir nur an den Dialog in der Liebesszene des Kinofilms „Tin Cup“ mit Kevin Costner in der Hauptrolle: „Komm, laß uns auf-teen!“ Hier funktioniert die Doppeldeutigkeit auch im Deutschen, genauso wie bei jenem eng-

lischen Ausdruck, der den ärgerlichen Vorfall bezeichnet, wenn der Ball schon ins Loch hineigeschaut hat, letztlich aber doch vorbeigerollt ist: „The ball lipped out!" – „Der Ball ist ausgelippt!"
Beim Durchblättern dieses Buches werden Sie festgestellt haben, daß vier Genres immer wiederkehren:
Sexbezogene Witze, darunter insbesondere auch solche, die den Kampf oder die gegenseitige Anziehungskraft der Geschlechter zum Thema haben. Und hier gleiten auch Golf-Witze, wie einige Beispiele in diesem Buch zeigen, ins Männlich-Sexistische und ins Derbe ab – wie häufig, wenn Witze über das andere Geschlecht gemacht werden.
Im Religiösen fußende Witze, worin als Akteure vor allem Gott, Jesus, Moses, Priester und Rabbis auftreten. Schon Sigmund Freud hat erkannt, daß der Witz die gesellschaftsfähige Form ist, Tabus zu durchbrechen – und davon machen auch Golfer-Witze häufig Gebrauch.

Witze mit und um Berühmtheiten, wobei Politiker wie Bill Clinton und Benjamin Netanyahu oder Golf-Größen wie Tiger Woods, Jack Nicklaus oder Bernhard Langer eigentlich nur die aufputzende Staffage für den Kern des Witzes darstellen.
Witze über die seltsame Spezies der Golfer selbst, über deren Unzulänglichkeit, deren Schwächen oder deren Selbstzynismus, wie er sich in dem Witz niederschlägt, in dem zwei Golfer in strömendem Regen an zwei Fischern vorbeikommen und der eine Golfer zum anderen sagt: „Sieh dir diese zwei Idioten an – die angeln im strömenden Regen!"

Das besondere Merkmal dieses Witzes: Hier wird im Unbewußten Vorhandenes pointiert angesprochen. Denn, Hand aufs Herz: Wer von uns Golfern kann von sich tatsächlich behaupten, es sei ihm völlig gleichgültig, ob es regnet oder die Sonne scheint? Aber im strömenden Regen während der Turnierrunde verbietet man es sich zumeist, die Sinnhaftigkeit des eigenen Tuns in Frage zu stellen. Der Witz liefert uns den Ausweg, denn verbotene Gefühle und Gedanken werden dadurch annehmbar.

Witze offenbaren zugleich, was eine Gesellschaft oder eine Gruppe bewegt, was sie ärgert, freut oder fürchtet. Somit ist die vielfältige Palette der zum Teil auch in verschiedenen Versionen erzählten und weitergegebenen Witze auch ein offenkundiges Spiegelbild von Ängsten und Besorgnissen, die jeden Golfer allzu oft vom ersten Abschlag bis zum Einlochen auf dem letzten Grün begleiten. Da können Witze als geeignete befreiende Therapie dienen. Sie lassen Verdrängtes für einen Augenblick über einen Umweg ins Bewußtsein, machen klar, daß wir mit unseren Nöten nicht allein dastehen. So wie in jenem Witz, in dem der eine Golfer seinen im Wald stehenden Partner fragt, ob dessen Ball spielbar ist, und zur Antwort erhält: „Noch nicht." Hier läßt uns die Erinnerung an selbst erlebte golferische Unbill und die Erwartung an weitere in der nächsten Golfrunde auf uns Zukommendes innehalten.

Und letzten Endes beweist auch die Vielzahl der Golf-Witze, daß Lee Trevino mit seinem Ausspruch recht gehabt hat: „Golf ist der größte Spaß, den man mit angezogenen Hosen haben kann."

Gerhard Friedrich

Kleines Golfer-Lexikon

Tommy Armour
Legendärer schottischer Golf-Professional (geb. 1895, gest. 1968), verlor im 1. Weltkrieg ein Auge und gewann dennoch später drei Majors. Genoß auch hohes Ansehen als Golflehrer und Buchautor.

Severiano Ballesteros
Spanischer Tour-Professional (geb. 1957), der sich das Golfspielen selbst beibrachte. Gewann mehr als 70 Turniere, darunter dreimal die British Open, zweimal das US Masters. War 1979 Kapitän des europäischen Ryder Cup Teams. Wird von Freunden „Seve" genannt.

Bill Clinton
Amerikanischer Präsident (geb. 1946), der sich als Freizeitgolfer von → Greg Norman unterrichten läßt. Clintons Golfleidenschaft ging durch die Medien der Welt, als er sich in Greg Normans Haus ein Bein brach. Sein Verhältnis mit Monika Lewinsky hatte zwar nichts mit Golf zu tun, doch hat diese Affäre auch in zahlreichen Golferwitzen ihren Niederschlag gefunden.

Henry Cotton
Englischer Golf-Professional (geb. 1907, gest. 1987), einer der herausragendsten Golfer der dreißiger und vierziger Jahre.

Bing Crosby
Amerikanischer Sänger, Radio- und TV-Star sowie Schauspieler (geb. 1901, gest. 1977). Einer der populärsten amerikanischen Entertainer, Interpret von „White Christmas" – die meistverkaufte Schallplatte aller Zeiten. Oscar als singender Pater Chuck O'Malley in „Going my Way" (1944). War auch ein leidenschaftlicher Golfer und Promotor dieser Sportart. Das jetzige AT&T Pebble Beach National Pro-Am war lange Zeit nach ihm benannt (Bing Crosby National, Bing Crosby Professional-Amateur, Bing Crosby National Professional-Amateuer Golf Championship). An den Pro-Ams in den Vereinigten Staaten nehmen Schauspieler wie Bill Murray, → Jack Lemmon, Kevin Costner oder Leslie Nielsen teil, weltbekannte Sportler wie Michael Jordan oder Pete Sampras, Popsänger wie Alice Cooper und viele mehr.

Sammy Davis jr.
Amerikanischer Sänger, Tänzer und Instrumentalist (geb. 1925, gest. 1990), eine der größten Persönlichkeiten des Showbusiness, trat auch in Fernseh- und Filmrollen auf, u. a. in „Porgy and Bess". Zu seiner Lebenseinstellung gehörte es, gesellschaftspolitische Mißstände aufzuzeigen.

Nick Faldo
Englischer Tour-Professional (geb. 1957), einer der erfolgreichsten Spieler der achtziger und neunziger Jahre. Baute mit dem Trainer → David Leadbetter seinen Schwung völlig um und erzielte nach einer zweijährigen Durststrecke die größten Erfolge, ehe er sich 1998 im Streit von Leadbetter trennte. Gilt als einer der langsamsten Spieler auf der Tour.

Billy Graham
Legendärer charismatischer amerikanischer Prediger (geb. 1918). Berühmt durch seine Massenauftritte in den fünfziger und sechziger Jahren als „Maschinengewehr Gottes".

Walter Hagen
Amerikanischer Tour-Professional (geb.1892, gest.1969).

Er gewann elf Majors und feierte in mehr als 90 Turnieren Siege. Walter Hagen war eine besonders charismatische Golferpersönlichkeit und galt als Meister des psychologischen Kampfes.

Ben Hogan
Charismatischer US-Golfer (geb. 1912, gest. 1997), errang mehr als 60 Siege auf der US-Tour, darunter allein 13 im Jahr 1946; schaffte nach einem schweren Autounfall 1949 das Comeback; gilt als einer der besten Spieler der Moderne. 1951 wurde nach dem Leben Ben Hogans der Film „Follow the Sun" („Der Sonne entgegen") gedreht, die Hauptrolle spielte Glenn Ford.

Bob Hope
Amerikanischer Entertainer und Filmschauspieler (geb. 1903), zählte Jahrzehntelang zu den höchstbezahlten Künstlern des amerikanischen Showbusiness, mehrere Ehren-Oscars. Spielte gemeinsam mit → Bing Crosby in einer Serie komischer Reisefilme. Begeisterter Golfer, nachdem er sich in seiner Jugend glücklos als Boxer versucht hatte. Veranstalter von Golfturnieren mit Prominenten aus Showbusiness und Politik. Autor zahlreicher Bücher, darunter: „Confessions of a Hooker. My Life Long Love Affair with Golf." Agierte 1963 zusammen mit → Arnold Palmer in dem Film „Call me Bwana" („Bob auf Safari"), der zahlreiche Golfszenen enthält. Die „Bob Hope Chrysler Classic" zählt zu den wichtigsten Turnieren der US-PGA-Tour.

Bobby Jones
Amerikanischer Golf-Professional (geb. 1902, gest. 1971), der 1930 alle damaligen vier Major-Turniere für sich entschied. Zog sich wenig später vom Turniersport fast völlig zurück und wurde Vizepräsident der Sportartikelfirma Spalding.

Bernhard Langer
Erfolgreichster deutscher Tourspieler aller Zeiten (geb. 1957 in Anhausen), löste den heutigen Golf-Boom in Deutschland aus. Er war die erste Nummer eins der 1986 eingeführten Weltrangliste der Golfer.

Jack Lemmon
Amerikanischer Filmschauspieler und Charakterkomiker (geb. 1925), weltberühmt durch Rollen in den Filmen „Manche mögen's heiß", „Das Appartement", „Ein seltsames Paar" und v. a. Mehrfacher Oscar-Preisträger. Leidenschaftlicher Golfspieler, nimmt auch noch in hohem Alter an Pro-Ams teil, die über Fernsehen in die ganze Welt ausgestrahlt werden.

David Leadbetter
Englischer Golflehrer (geb. 1952). Auch „Pro der Pros" bezeichnet, weil er bei vielen berühmten Spielern wie → Nick Faldo, → Severiano Ballesteros, → Bernhard Langer etc. als „Schwungdoktor" tätig war.

Dave Marr
Amerikanischer Tour-Professional (geb. 1933), Spieler des Jahres 1964, US-PGA-Sieger 1965.

Mark O'Meara
Amerikanischer Tour-Professional (geb. 1957). Einer der erfolgreichsten Golfer der zweiten Hälfte der neunziger Jahre, errang 1998 in einem Jahr mit Erfolgen im US Masters und in den British Open zwei Major-Siege.

Johnny Miller
Amerikanischer Tour-Professional (geb. 1947). Feierte zwei Dutzend PGA-Turniersiege und hatte seine erfolgreichste Zeit Mitte der siebziger Jahre.

Colin Montgomerie
Schottischer Tour-Professional (geb. 1963), erfolg-

reichster europäischer Spieler der neunziger Jahre. Er gewann von 1993 bis 1998 sechsmal in ununterbrochener Reihenfolge Platz eins der europäischen Geld-Rangliste. Gilt als besonders ehrgeizig.

Willie Nelson
Amerikanische Country-Song-Ikone (geb. 1933). Stand zum ersten Mal im Alter von vier Jahren auf der Bühne. Er prägte über Jahrzehnte hinweg mit seinen mehr als 100 Plattenalben das Country-Music-Genre.

Jack Nicklaus
Der erfolgreichste Golfer des Jahrhunderts (geb. 1940). Spitzname: „The Golden Bear". Drei Jahrzehnte lang prägte er den internationalen Golfsport. Er errang 96 Turniersiege, darunter 20 bei Masters-Turnieren. Er ist nicht nur eine Golflegende, sondern auch einer der besten Golfplatzarchitekten der Welt.

Greg Norman
Australischer Golf-Professional (geb. 1955), einer der erfolgreichsten Spieler der neunziger Jahre – er stand mehr als 550 Wochen ununterbrochen an der Spitze der Weltrangliste. Spitzname: „Der weißer Hai". Trainer von → Bill Clinton.

Arnold Palmer
Amerikanischer Tour-Professional (geb. 1929), genannt „Arnie". Erster Pro, der bei der US-PGA-Tour die Million-Dollar-Grenze bei den Preisgeldern durchbrach. Mit seiner publikumswirksamen Theatralik machte er in den sechziger Jahren Golf zum Fernsehsport.

Sam Snead
Amerikanischer Tour-Professional (geb. 1912). Ältester Turniersieger der US-Tour, Mitbegründer der US-Senior-Tour. Hinter →Jack Nicklaus zweiterfolgreichster Spieler aller Zeiten. Hatte einen der elegantesten Schwünge, der aber in einem besonders kraftvollen Schlag endete.

Lee Trevino
Amerikanischer Tour-Professional (geb. 1939). Gewann zwischen 1968 und 1984 unter anderem sechs Major-Titel und zwei Dutzend PGA-Turniere. Strafte alle jene Lügen, die behaupten, nur mit einem guten Pro kann man den richtigen Schwung lernen – denn er hatte sich seinen Golfschwung selbst beigebracht

Mark Twain
Amerikanischer Schriftsteller (geb.1835, gest. 1910), Mark Twain ist ein Deckname für Samuel Langhorne Clemens, Autor von „Tom Sawyer" und „Huckleberry Finn". Verarbeitete das Thema Golf in seinen Reporterstories „Arglos auf Reisen". Hieraus stammt der Satz: „Golf ist ein Spaziergang mit Ärgernissen."

John Updike
Amerikanischer Schriftsteller (geb. 1932), Autor von „Der Zentaur", „Der Coup", „Ehepaare", „Die Musikschule" und die „Rabbit"-Tetralogie. Begann 1957 Golf zu spielen, als er nach Massachusetts übersiedelte. Schrieb zahlreiche Golf-Kolumnen, die auch in Buchform erhältlich sind („Golf Dreams"). Gilt als → „Jack Nicklaus der Golfautoren".

Tiger Woods
Amerikanischer Tour-Professional (geb. 1975). Als Sohn einer Thailänderin und eines afroamerikanischen Vietnamveteranen der erste Farbige, der den Sprung an die Golf-Weltspitze geschafft hat. Woods ist der Spieler mit den bestdotierten Werbeverträgen, die ihm mehr als 100 Millionen Dollar einbringen, und zählt zu den Spielern mit den weitesten Schlägen.

Band 623

PERLEN-REIHE
Wien – München

A-1010 Wien, Hegelgasse 21
Telefon +43 +1 51405-0, Fax 51405-210
E-Mail: sed@oebv.co.at

Umschlag und Layout: Kraxenberger KommunikationsHaus GmbH
Herstellung: Josef Embacher
Druck: Laber Druck, Oberndorf
Printed in Austria

ISBN 3-85223-434-4